TECHNIQUES DE BASE EN MENUISERIE

Philippe BIERLING

Maître Menuisier

Professeur de Lycée professionnel

EDITIONS **S.A.E.P.** INGERSHEIM 68000 COLMAR

LES MATERIAUX

LE BOIS

Le bois est un matériau vivant, hétérogène (de dureté irrégulière), anisotrope (caractéristiques physiques et mécaniques différentes suivant la direction).

Le bois est passionnant à travailler. Marqué par une multitude d'accidents et de contraintes climatiques, physiques, chimiques et physiologiques, on n'en trouvera jamais deux morceaux identiques.

On verra au fil des pages à venir, l'importance qu'il y a à connaître ce noble matériau, solide et fragile à la fois.

COUPE D'UN ARBRE

Lorsque l'on examine la coupe d'un tronc, on peut observer, en partant du cœur :

M	La Moëlle
D	Le Duramen ou bois parfait
A	L'Aubier
C	Le Cambium
L	Le Liber
E.I.	L'Ecorce Interne
E.E.	L'Ecorce Externe.

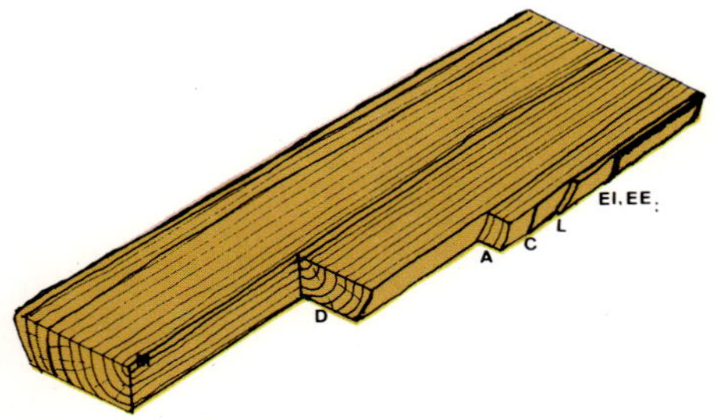

LE DURAMEN se décompose en cernes annuels comportant le bois de printemps, à croissance rapide, et le bois d'été, plus dense. Certaines essences ont des cernes peu visibles, une dureté régulière. On dit qu'elles sont homogènes (Ex. : le hêtre, le tilleul).

D'autres essences ont de grandes différences de dureté entre le bois de printemps et d'été. Ils sont hétérogènes (Ex. : le sapin).

L'AUBIER est le bois jeune, pas encore duraminisé. La sève brute y circule.

REMARQUE

Pour certaines essences, l'aubier est peu ou pas visible et utilisé comme du bois parfait (Ex. : sapin, épicéa, hêtre).

Pour d'autres essences, bien que nettement visible, l'aubier est utilisé (Ex. : pin, noyer).

ATTENTION

L'aubier de certaines essences est altérable et, dans ce cas, il faut impérativement l'éliminer au débit (Ex. : le chêne).

L'élimination de l'aubier entraîne un pourcentage de chute important.

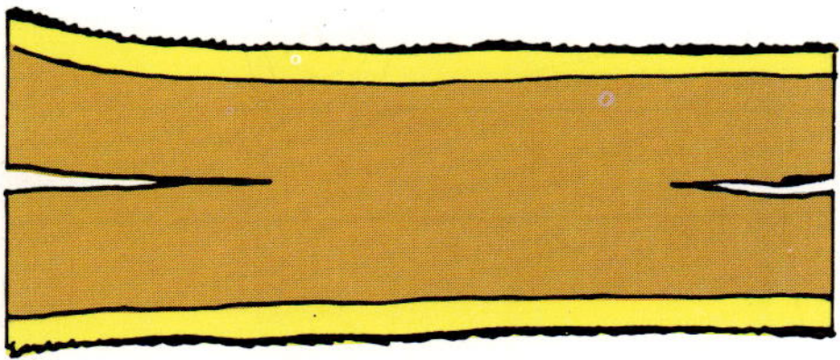

Planche avec aubier altérable.

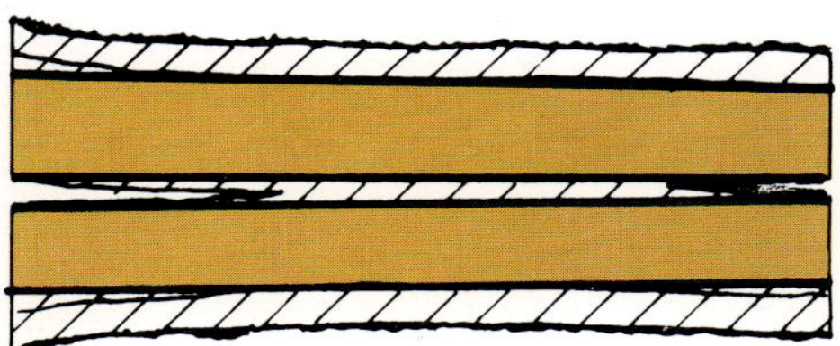

Débit possible.

PROPRIETES PHYSIQUES DU BOIS

Le bois est classé en résineux et feuillus.

Lorsque l'on examine le bois, on note trois directions principales.

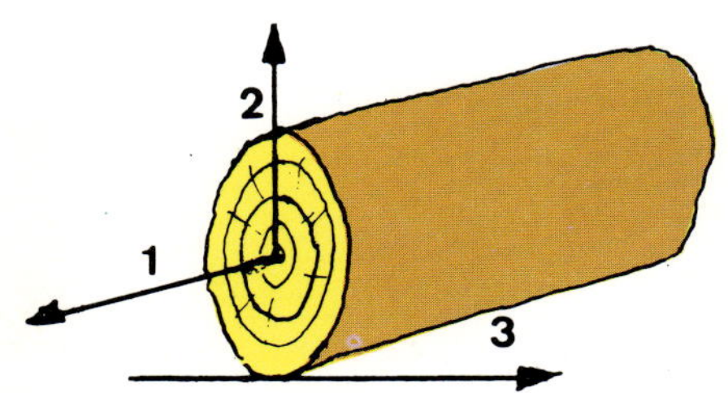

1) Direction axiale
2) Direction radiale (suivant les rayons)
3) Direction tangentielle.

Sur un échantillon de bois, on observe différents éléments qui caractérisent son essence.

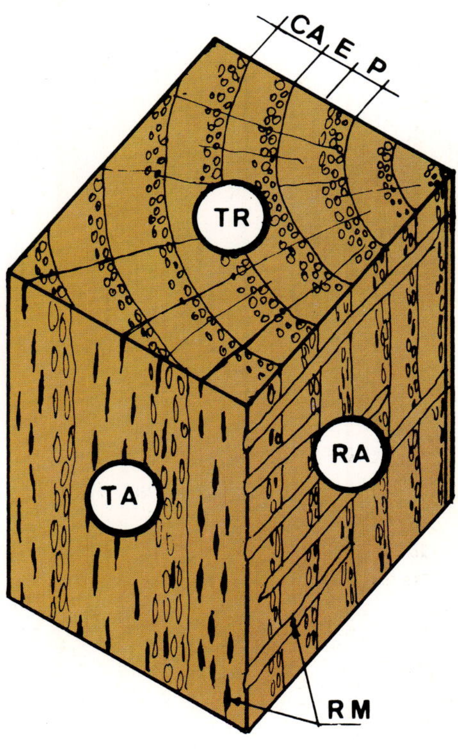

CA	Cernes annuels
E	Bois d'été
P	Bois de printemps
RM	Rayons médulaires ou ligneux
TR	Section transversale
RA	Section radiale
TA	Section tangentielle.

❑ L'ASPECT

Selon la face considérée, l'aspect est très différent.

Vue au microscope, cette différence est encore plus flagrante.

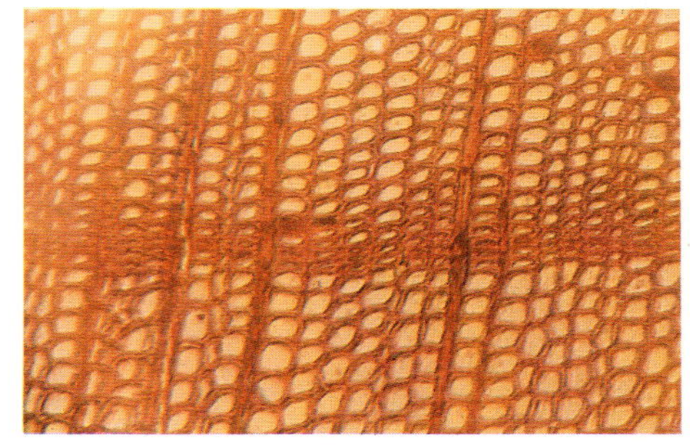

Section transversale.

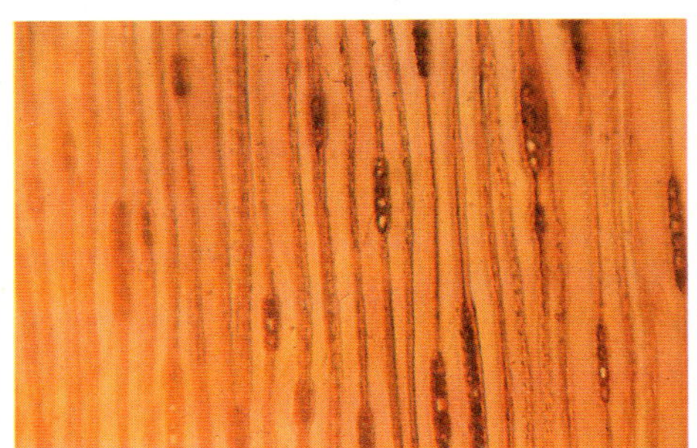

Section tangentielle.

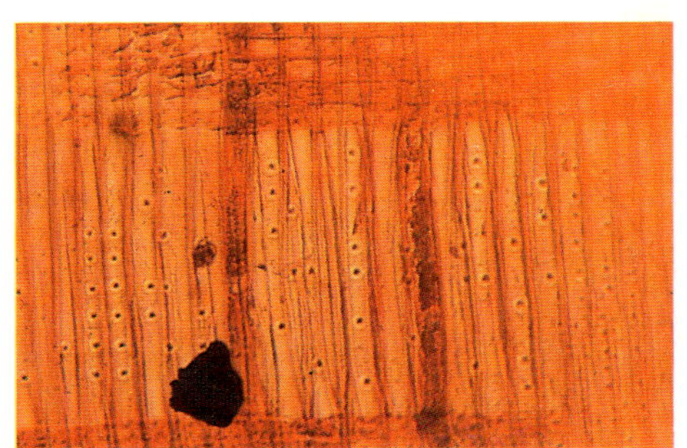

Section radiale.

RESUME

Chaque essence a son aspect propre.

❑ LA COULEUR

La couleur du bois varie du blanc au noir, en passant par le jaune, rouge, brun violet.

Dans une même essence, la couleur peut varier suivant l'endroit de croissance, ou suivant l'âge du débit.

Chêne fraîchement raboté.

Chêne vieux.

❑ LE GRAIN

C'est la plus ou moins grande visibilité des canaux et cellules du bois.

❑ LA MASSE VOLUMIQUE ET LA DURETE

Le bois peut encore être classé en bois dur et lourd et en bois tendre et léger. La différence provient de l'épaisseur des parois des cellules.

Schémas à fort grossissement :

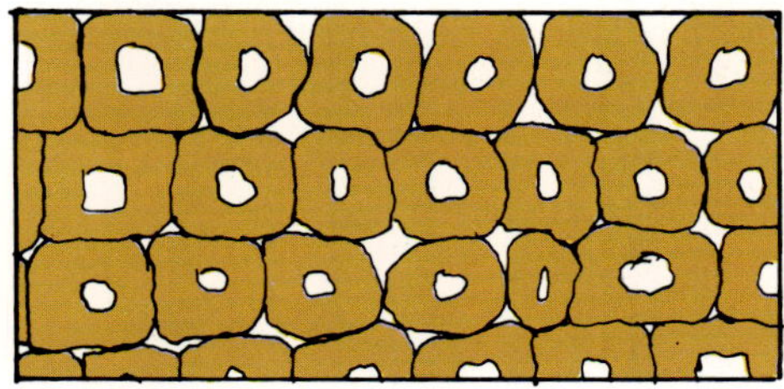

Bois dense.

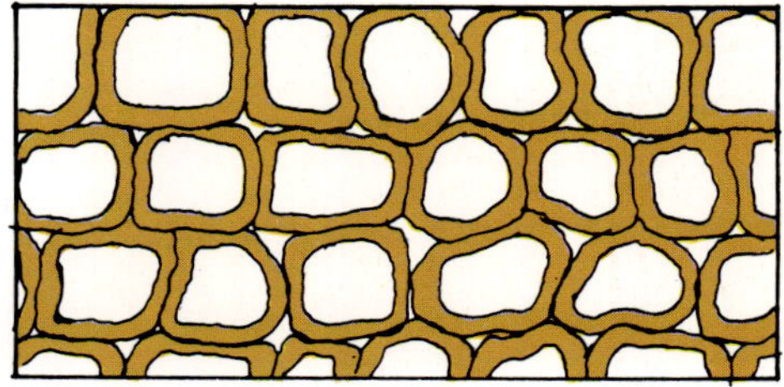

Bois léger.

Maintenant que nous avons fait connaissance avec le matériau, découvrons quelques essences.

NOTE

Le nom usuel de bien des essences change suivant les régions. Je retiens le nom le plus courant.

LES ESSENCES INDIGENES (du pays)

❑ RESINEUX
- Usages intérieurs et extérieurs

SAPIN

Bois léger et tendre, très hétérogène. Facile à travailler, difficile à finir. Durable en intérieur et extérieur, convient pour charpente, même exposée aux intempéries, aménagements intérieurs, meubles.

PIN MARITIME

Bois mi-lourd facile à usiner et à travailler. Duramen durable. Utilisé pour charpente, menuiserie, parquet, moulure.

PIN SYLVESTRE

Bois mi-lourd. Caractéristiques proches du pin maritime. Utilisé pour toutes les constructions extérieures et intérieures, essentiellement croisées et parquets.

MELEZE

Bois lourd. Bonne résistance mécanique. Facile à usiner. Très durable. C'est le meilleur des résineux indigènes. Utilisé pour charpente, menuiserie, cuves.

- Usages intérieurs

EPICEA

Bois tendre et léger. Bonne résistance mécanique. Utilisé en constructions couvertes, charpente, lambris.

❑ FEUILLUS

- Usages intérieurs et extérieurs

CHATAIGNIER

Bois mi-lourd. Bonne qualité mécanique. Usinage facile, durable aux intempéries, mais sujet à une échauffure. Utilisé pour menuiserie intérieure et extérieure, parquet, tonnellerie. Bon pour piquets, après préparation.

ORME

Bois mi-lourd, mi-dur. Moyennement nerveux, bonne résistance mécanique. Usinage et finition assez faciles. Utilisé pour meubles, aménagements intérieurs, placage, constructions de véhicules.

CHENE

Bois mi-lourd, mi-dur à dur. Bonne qualité mécanique. Usinage et mise en œuvre faciles. Duramen très durable, mais aubier à éliminer. Utilisé en constructions intérieures et extérieures, constructions navales, hydrauliques, menuiserie meubles massifs, placage.

ROBINIER ou ACACIA

Bois mi-lourd, très élastique. Résistance élevée aux agents destructeurs. Utilisé pour piquets, barreaux d'échelles, manches d'outils, charronnerie.

- Usages intérieurs

TILLEUL

Bois très léger, très tendre, homogène. Utilisé pour sculptures, modelages, jouets.

PEUPLIER

Il existe de nombreuses espèces. Bois léger et tendre, moyennement nerveux. Bon rapport poids-résistance mécanique. Non durable. Utilisé pour charpente légère, contreplaqué, menuiserie intérieure peinte, caisserie.

MERISIER

Bois mi-lourd, souvent nerveux. Usinage aisé et finition bonne. Utilisé en ameublement, placage.

NOYER

Bois mi-lourd, mi-dur. Très peu nerveux. Usinage facile, finition de qualité. Utilisé en ameublement et décorations de luxe, placages. Ce bois est très sujet à des attaques d'insectes.

HETRE

Bois mi-lourd, mi-dur. Souvent nerveux. Attention au sciage. Usinage et mise en œuvre faciles. Se cintre bien. Peu durable. Ameublement, contreplaqué. AVEC TRAITEMENT : traverses de chemin de fer, bois amélioré. Le hêtre est un bois bon marché.

ERABLE

Bois mi-lourd, mi-dur.

Usinage et mise en œuvre faciles.

Ce bois est beaucoup utilisé en placage.

PLATANE

Ce bois a des caractéristiques et des emplois similaires à ceux du hêtre.

FRENE

Bois mi-lourd, dur. Moyennement nerveux, excellente résistance mécanique. Usinage et finition faciles. Construction intérieure, charronnerie, placage, manches d'outils.

LES BOIS EXOTIQUES (ou importés)

REMARQUE

La richesse en bois exotiques est grande. A titre d'exemple, il existe huit cents sous-espèces d'acajou. L'exploitation anachronique des forêts équatoriales rend aléatoire l'approvisionnement et de nouvelles essences apparaissent et disparaissent continuellement. Je n'ai retenu qu'un très mince échantillonnage de ces bois.

- Utilisations intérieures et extérieures

SIPO

Bois mi-lourd, assez tendre. Usinage facile, mais désaffûte les outils utilisés pour menuiserie extérieure et intérieure.

- Utilisations intérieures

OKOUME

Bois léger et très tendre, facile à travailler, mais abrasif. Utilisé pour menuiserie légère, contreplaqué.

ACAJOU

Bois léger et tendre. Bois peu nerveux. Moyennement durable. Utilisé en menuiserie et agencements intérieurs, placage, quelquefois en menuiserie extérieure.

LIMBA

Bois léger et tendre. Moyennement nerveux. Usinage facile. Utilisé pour menuiserie intérieure, placage, contreplaqué.

ACHETER DU BOIS

❑ COMMENT ?

Il n'y a pas de réponse toute faite. Cela dépend des moyens dont on dispose, du genre de travaux que l'on envisage de réaliser.

Je commence par un peu de culture technique. Un arbre sur pied a des racines, des branches, et surtout, c'est ce qui nous intéresse, un tronc.

Une fois abattu, ce tronc, séparé de ses racines et branches devient une GRUME.

En passant à la scierie, cette grume va encore changer de nom : sciée en planches, elle devient un PLOT.

RESUME

EPAISSEUR DES BOIS SCIES EN PLOTS :

- Feuillets : 7, 10, 13, 15, 18, 20 mm.

- Planches : 22, 27, 34, 41, 54 mm.

- Plateaux : 60, 70, 80, 100, 110 mm.

REMARQUE

Ces mesures peuvent paraître bizarres. En fait, elles sont dérivées de nos anciennes mesures (le pouce : 27 mm, et le pied : 330 mm).

Les résineux sont rarement sciés à des épaisseurs inférieures à 18 mm. En dessous, on utilise des bois resciés, que l'on verra plus loin.

La grume peut aussi être débitée en sciages alignés parallèles.

RESUME

Les poutres, madriers, plateaux, planches, lambourdes, etc. sont des sciages alignés parallèles.

Pour obtenir des débits de faible épaisseur et de largeur limitée, on utilise des bois alignés parallèles qui sont "resciés". On obtient ainsi des frises, lattes, etc.

❑ LES SCIAGES ALIGNES PARALLELES

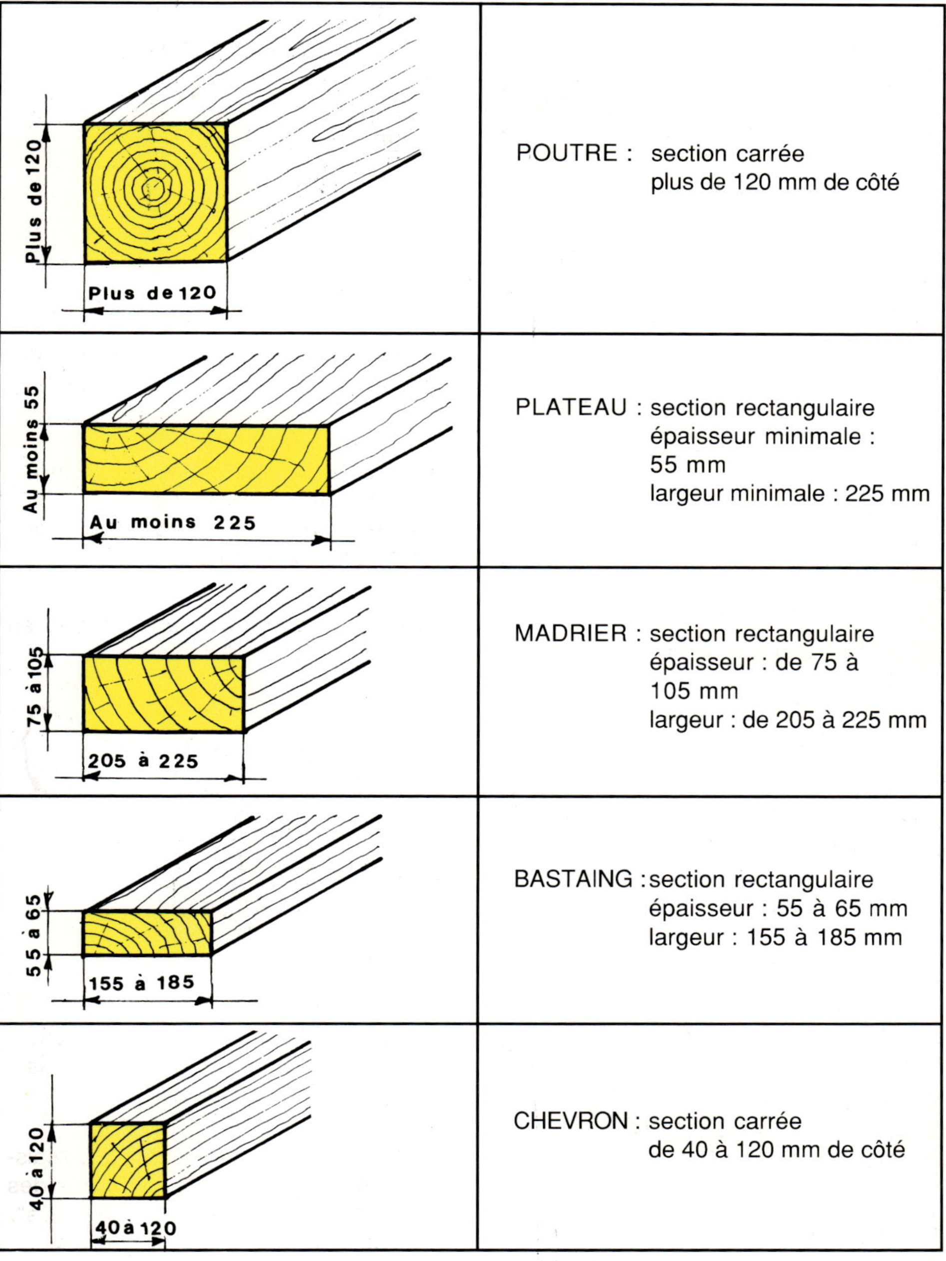

POUTRE :	section carrée plus de 120 mm de côté
PLATEAU :	section rectangulaire épaisseur minimale : 55 mm largeur minimale : 225 mm
MADRIER :	section rectangulaire épaisseur : de 75 à 105 mm largeur : de 205 à 225 mm
BASTAING :	section rectangulaire épaisseur : 55 à 65 mm largeur : 155 à 185 mm
CHEVRON :	section carrée de 40 à 120 mm de côté

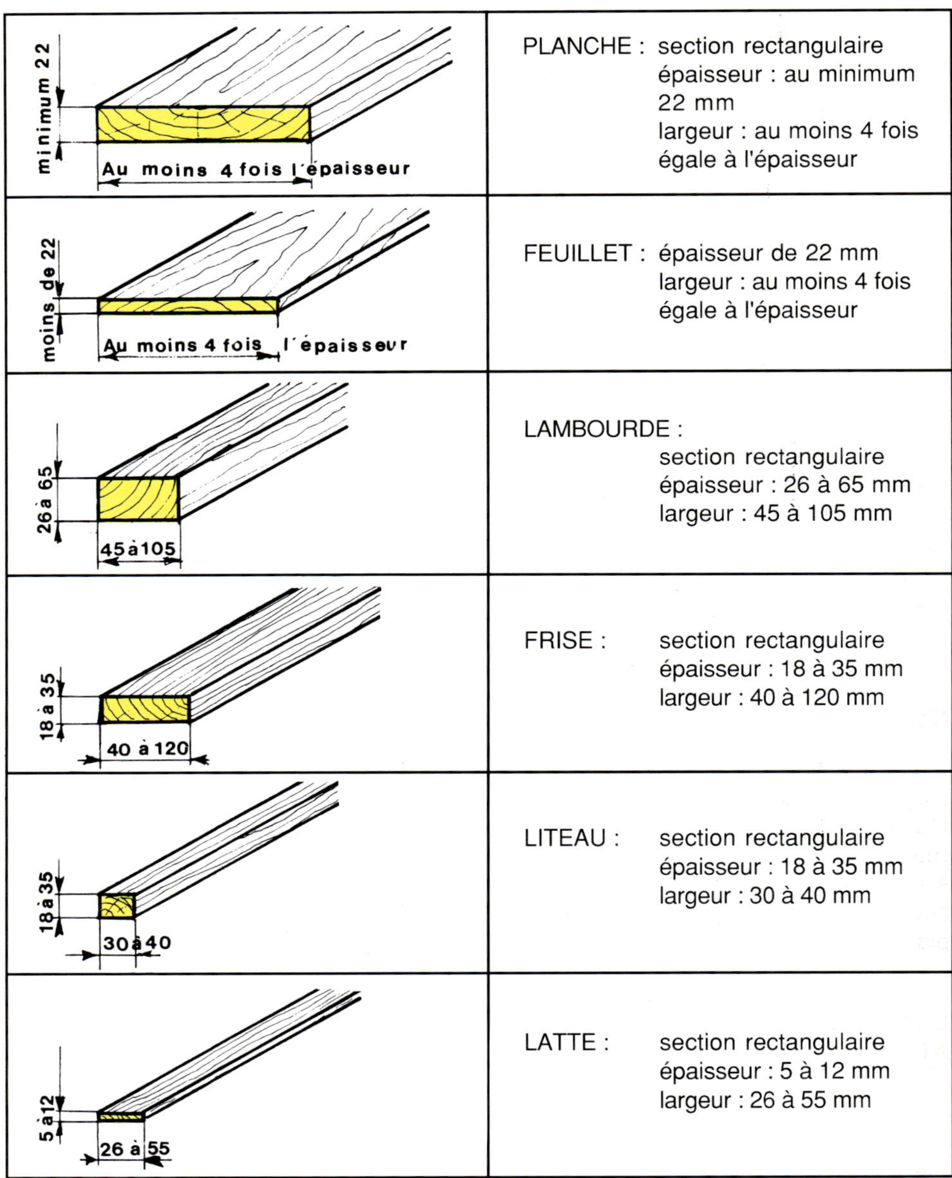

PLANCHE :	section rectangulaire épaisseur : au minimum 22 mm largeur : au moins 4 fois égale à l'épaisseur
FEUILLET :	épaisseur de 22 mm largeur : au moins 4 fois égale à l'épaisseur
LAMBOURDE :	section rectangulaire épaisseur : 26 à 65 mm largeur : 45 à 105 mm
FRISE :	section rectangulaire épaisseur : 18 à 35 mm largeur : 40 à 120 mm
LITEAU :	section rectangulaire épaisseur : 18 à 35 mm largeur : 30 à 40 mm
LATTE :	section rectangulaire épaisseur : 5 à 12 mm largeur : 26 à 55 mm

NOTE

Ces caractéristiques correspondent aux normes françaises "AFNOR".

OBSERVATIONS

DIMENSIONS DES BOIS ALIGNES PARALLELES

Les dimensions normalisées ne sont pas toujours employées.

Les habitudes des professionnels, les usages et coutumes régionaux, les dimensions des grumes, sont autant de freins à la normalisation.

NOTE

Le bois peut être acheté brut de sciage ou raboté.

Le bricoleur qui possède une raboteuse achètera du bois brut de sciage, sauf s'il s'agit de grosses pièces, trop lourdes pour sa machine.

Dans le cas contraire, il est préférable d'acheter du bois raboté une ou plusieurs faces.

OU ACHETER LE BOIS ?

Le bois peut être acheté dans des magasins spécialisés, ou chez les marchands de matériaux pour le second œuvre du bâtiment. Certaines petites scieries vendent aussi du bois au détail, acceptant même de vendre des parties de plots.

COMBIEN DE BOIS FAUT-IL ACHETER ?

RESUME

Pour un ouvrage réalisé en bois alignés parallèles, il faut calculer les longueurs par largeur et épaisseur.

Il faut bien sûr prévoir une marge.

Pour un ouvrage réalisé en plot, il faut calculer les surfaces par épaisseur. Aux surfaces obtenues, il faut ajouter 35 à 50% afin de pouvoir compenser les chutes en longueur, largeur, ainsi que les défauts.

OBSERVATIONS

Ce pourcentage n'est pas toujours le même. Il varie en fonction de l'essence du bois.

De 35% en moyenne pour le sapin, pin et hêtre, il grimpe à 50% en moyenne pour le chêne et le noyer.

Le pourcentage de chute varie aussi en fonction de la qualité du bois, et de la qualité recherchée pour l'objet confectionné.

QUELLE QUALITE DE BOIS CHOISIR ?

Le bois est classé en cinq choix, les critères ne sont pas tout à fait les mêmes entre les feuillus et les résineux.

Pour le classement, il est tenu compte des nœuds, fentes, défauts.

Le choix exceptionnel, de fil droit et sans défaut, sera réservé à l'ébénisterie fine. Ensuite, du premier au quatrième choix, le bois ira de la menuiserie apparente à la caisserie, en passant par la menuiserie peinte et la charpente.

RESUME

Il ne faut pas hésiter à acheter des bois de qualités différentes, car il n'est pas logique de réaliser des faces cachées d'un ouvrage avec un bois de choix exceptionnel.

Le bois est un matériau vivant. En tant que tel, il a des qualités et des défauts.

Les qualités du bois sont nombreuses : esthétique, solidité, poids, élasticité, usinage facile.

Une qualité non négligeable : le bois est une matière première renouvelable.

LES DEFAUTS DU BOIS

Les défauts du bois sont de différents ordres.

❑ LES DEFAUTS NATURELS

Ce sont des défauts qui gênent le menuisier, mais en fait, ce sont des caractéristiques de croissance.

- LES NŒUDS

Les branches, dans une grume, forment des nœuds. Suivant la grosseur, le moment où la branche est tombée ou a été coupée, le nœud est plus ou moins important. L'emplacement de la planche dans la grume détermine la forme du nœud.

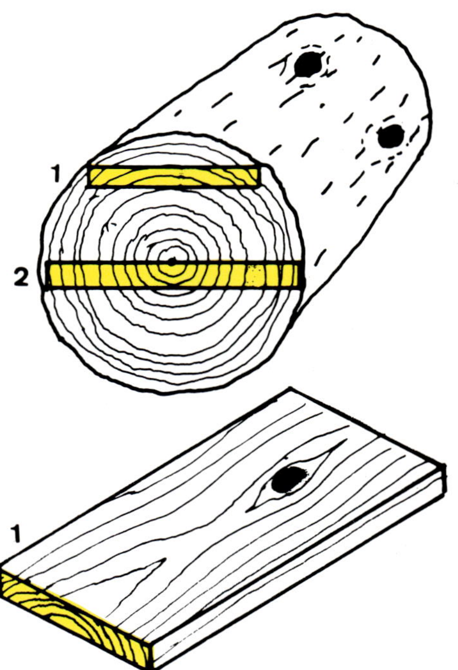

REMARQUES

Les nœuds ne sont pas à éliminer systématiquement. Lorsqu'il s'agit de nœuds sains, bien adhérents et de grosseur raisonnable par rapport aux dimensions des pièces, surtout lorsqu'il s'agit de panneaux, ou autres parties d'ouvrage n'étant pas soumises à des contraintes mécaniques, leur présence ne gêne pas.

Dans certains cas, la présence des nœuds est utilisée pour obtenir des effets décoratifs "rustiques" (lambris, frisettes, etc...).

Pour les ouvrages à peindre, les nœuds peuvent être "bouchonnés" (cela nécessite un jeu de mèches spéciales).

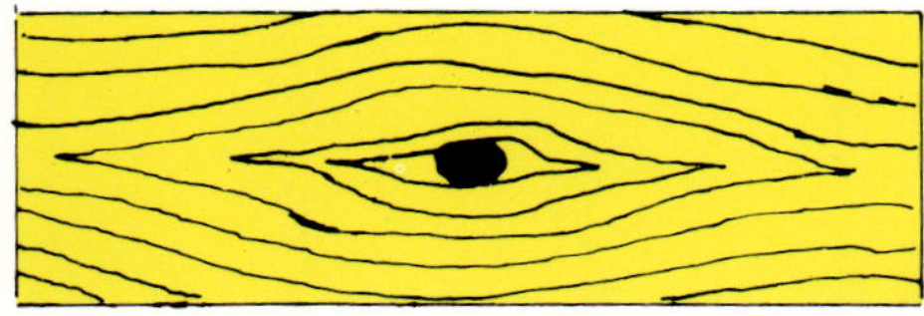

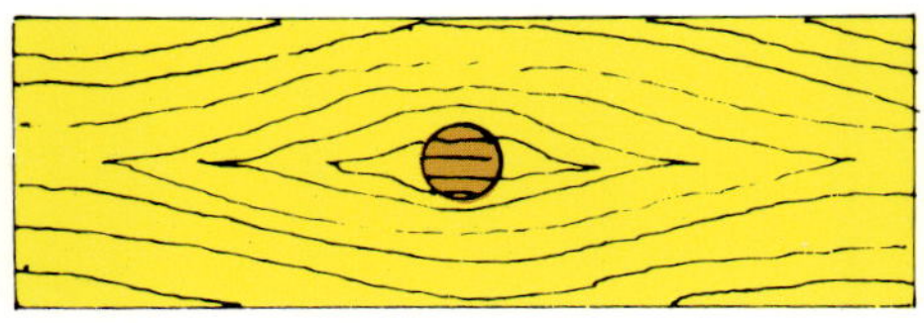

Nœud bouchonné.

On peut aussi les remplacer par une pièce de bois sain.

Nœud remplacé par une pièce de bois sain.

- LES FENTES

Les fentes les plus nombreuses proviennent du séchage. Nous y reviendrons.

En dehors de celles-ci, les plus courantes sont les **roulures** souvent provoquées par une croissance irrégulière.

① *Fente due au séchage (retrait du bois).*

② *Roulure.*

REMARQUE

Sauf en quelques exceptions, il convient d'éliminer soigneusement les fentes lors du tronçonnage ou du second débit.

- LES FILS TRANCHES

Se trouvent dans le bois provenant de grumes fortement coniques.

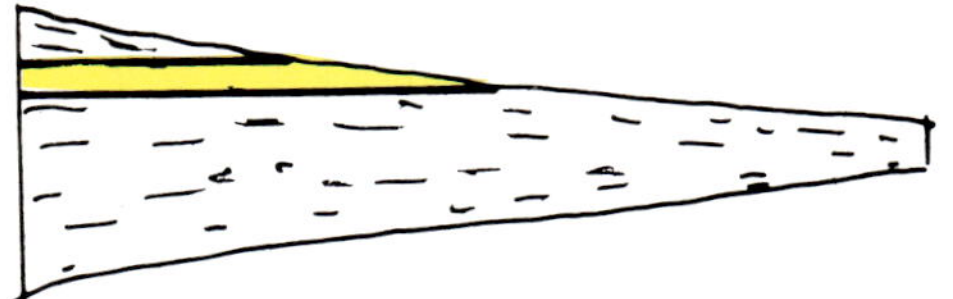

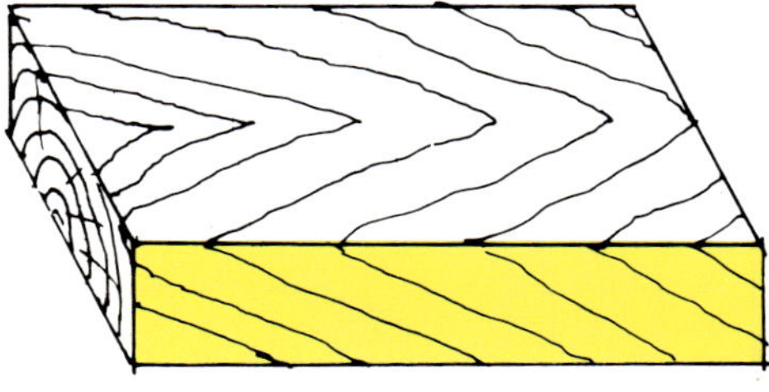

REMARQUE

Du fait du sens travers des fibres, les pièces sont moins résistantes. Il faut éviter de les utiliser pour des cadres, par exemple, où elles risquent de casser.

- LE CŒUR EXCENTRE

Défaut qui se trouve sur des arbres ayant poussé en forte pente, sur des talus, ou en bordure de forêt et soumis à des vents dominants.

REMARQUE

Le bois provenant d'une telle grume est dur et très hétérogène. Lors du séchage, ce bois subit des tensions, qui se libèrent au sciage. Il faut être très prudent lors du débit car ces pièces risquent de se refermer sur la scie. L'usage du couteau diviseur est impératif.

- LES FIBRES TORSES

Lorsqu'un arbre est soumis à des pressions du vent qui ont tendance à tourner l'arbre (isolé avec houpier irrégulier ou bordure de forêt), il prend des fibres torses.

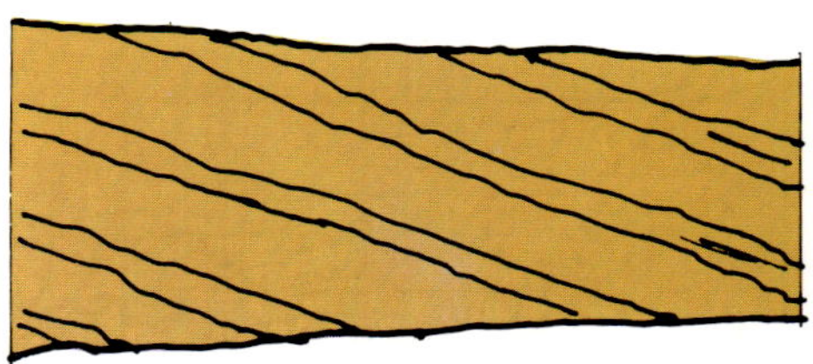

REMARQUE

Le bois se voile en séchant.

Bien qu'étant apparemment de fil droit, ses planches ont des fibres en travers et les fentes suivent ces fibres.

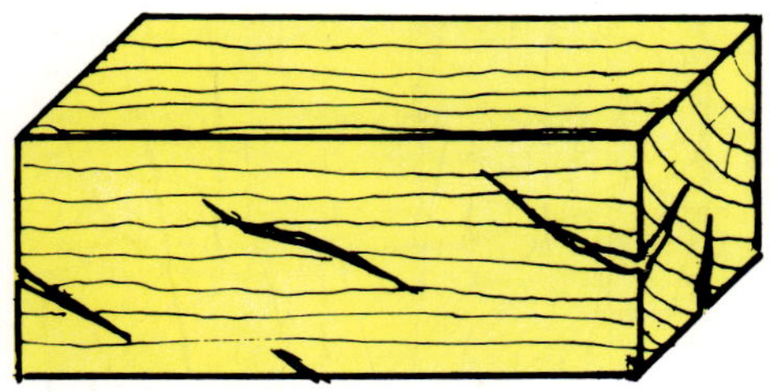

- BLESSURES

Des troncs écorchés, si la blessure n'est pas trop importante, peuvent guérir. Dans ce cas, on trouvera une cicatrice dans la grume.

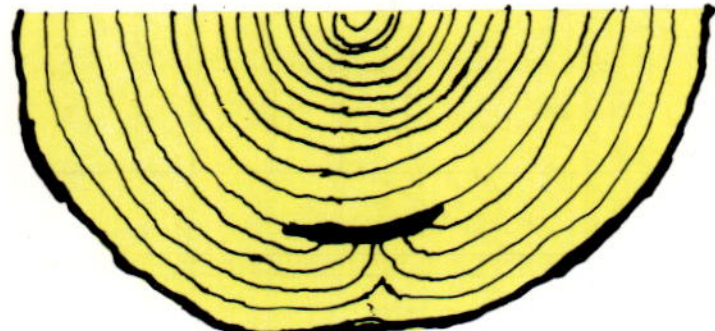

- L'ENTRE-ECORCE

Se produit lorsque des troncs se soudent entre eux, ou au niveau des fourches.

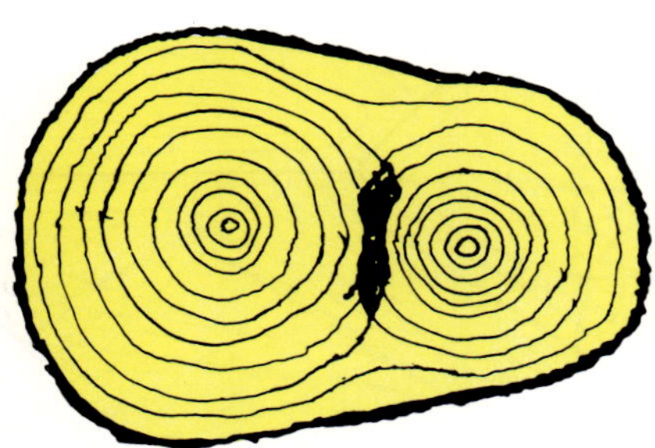

REMARQUE

L'entre-écorce doit être éliminée au débit.

REMARQUE

Lorsqu'une blessure est faite par du métal qui reste dans l'arbre, on trouve une zone de bois bleu, oxydé par le métal.

- TRACE DU SUCOIR DU GUI

LES ALTERATIONS DU BOIS

Les altérations du bois sont dues essentiellement à deux causes :

- les champignons lignicoles
- et les insectes xylophages.

Dans bien des cas, les deux sont liés. Certains insectes ne s'attaquent qu'à des bois déjà atteints par des champignons. Nos ormes dépérissent sous les assauts simultanés d'un insecte et d'un champignon.

❑ DEGATS CAUSES PAR LES CHAMPIGNONS

Pour qu'un champignon se développe, il faut de l'humidité.

Le bois sur pied est sujet à des attaques. Qui n'a pas vu, à l'occasion d'une promenade en forêt, de magnifiques consoles poussant sur un arbre ? Ce n'est que la partie apparente du champignon, qui s'est attaqué à l'arbre par une blessure et peut causer à l'intérieur des dégâts mortels.

Le bois peut aussi être attaqué pendant son séchage, s'il est mal ventilé.

- LE BLEUISSEMENT DES RESINEUX

Changement de couleur du bois provoqué par des champignons microscopiques. Ils attaquent l'aubier, mais aussi superficiellement le bois parfait.

REMARQUE

Le bois bleui ne perd que peu de qualités mécaniques, par contre, à cause de son aspect, il doit être peint.

- ECHAUFFURE

Attaque qui se produit essentiellement sur les feuillus et surtout le hêtre. Il en résulte un changement de couleur du bois, blanc, jaune, rouge, brun.

ATTENTION

A l'exception du sapin bleui, le bois attaqué par des champignons est à éliminer systématiquement.

REMARQUE

Comment reconnaître un bois attaqué par les champignons ? Il faut être prudent, car certaines pourritures passent inaperçues lorsque le bois est brut. Dans le doute, on peut faire un test : la cassure du bois sain est hérissée de nombreux éclats ; celle du bois altéré est nette.

Les plus redoutables des champignons lignivores sont ceux qui détruisent les bois mis en œuvre dans les habitations. Le plus connu est le MERULE. Ces champignons se développent sur des bois situés à des endroits humides, mal ventilés, tels caves, vides sanitaires, etc. La face apparente du bois ne change pas d'aspect et on ne découvre les dégâts que lorsque le bois est totalement ruiné.

OBSERVATION

Il est arrivé maintes fois que les pieds d'une armoire percent un plancher sans crier gare, celui-ci étant atteint du mérule.

REMARQUE

Il n'y a pas de mesure curative pour les champignons. Une pièce atteinte doit être débarrassée de toutes traces et traitée, ou remplacée et brûlée.

Prendre des mesures préventives est préférable.

Les plus grands ennemis pour eux sont l'air qui dessèche et la chaleur.

Il existe de nombreux produits fongicides et il ne faut pas hésiter à traiter, par immersion, pulvérisation ou badigeonnage, les ouvrages que l'on sait menacés.

❑ LES INSECTES DESTRUCTEURS DU BOIS

Dans la plupart des cas, les insectes pondent des œufs dans l'écorce ou dans une fissure du bois. Les larves, pour se nourrir, forent des galeries dans le bois, de préférence l'aubier, se nourissant de l'amidon, voire même de la cellulose.

Certains insectes, en même temps que les œufs déposent dans le bois les germes d'un champignon. La larve creuse dans le bois des galeries pour faire pousser le champignon dont elle se nourrit. Lorsqu'il s'agit de bois fraîchement scié, la larve creuse de nouvelles galeries au fur et à mesure que le bois se dessèche.

Les larves vivent dans le bois de 6 mois à 4 ans. Elles se transforment en insectes adultes dans le bois, avant de le quitter. Pour ce faire, ces insectes sont capables de traverser des matériaux tels le plâtre et le plomb.

Il existe trois grandes catégories d'insectes xylophages.

- Insectes attaquant les arbres sur pied
  . le grand capricorne (chêne),
  . le cossus (orme, tilleul),
  . l'hylécoetus, les dermestoïdes (pin, épicéa, mélèze, peuplier, hêtre).

- Insectes attaquant les grumes
  . le bostryche liseré (piqûre noire des résineux),
  . le platype (piqûre noire du chêne),
  . le sirex géant (résineux).

- Insectes attaquant les bois mis en œuvre
  . le capricorne des maisons (résineux),
  . la petite vrillette (résineux et feuillus),
  . la grosse vrillette (vieilles charpentes),
  . le lyctus (aubier des feuillus).

OBSERVATIONS

Dans les bois mis en œuvre, les larves rongent l'intérieur des pièces, prenant grand soin de laisser intactes les surfaces. On peut les détecter par la présence de la vermoulure, qui est la poussière qui s'échappe de certaines galeries ouvertes. Il ne faut pas tarder à réagir, le cas échéant.

- Les termites

Les termites forment un monde à part ; ce ne sont pas les larves qui rongent le bois mais les insectes adultes. Ils vivent en colonies, circulant dans des galeries, détruisant à grande vitesse les constructions et même les meubles.

REMARQUE

Il existe de nombreux produits préventifs et curatifs, tant pour les meubles que pour les constructions. Ils peuvent être appliqués par trempage, badigeonnage, pulvérisation, ou injectés par des seringues.

Il ne faut pas hésiter à faire appel à des spécialistes lorsqu'il s'agit de parties vitales d'une construction.

Les pièces trop endommagées doivent être remplacées.

ATTENTION

Lorsqu'on restaure un meuble ou une menuiserie, il arrive que l'on soit tenté de poncer (par exemple : un plateau de table avec des taches d'encre). Il faut s'assurer que le bois n'est pas vermoulu, sinon on court à la catastrophe, car, sous une pellicule de bois apparemment sain, on ne trouvera que de la poussière.

L'EAU DANS LE BOIS

L'eau tient une grande place dans le bois. Nous avons vu sur les photographies au microscope (p. 8 et 9) que le bois est un peu comme une éponge. Une simple observation à la loupe nous permet la même constatation.

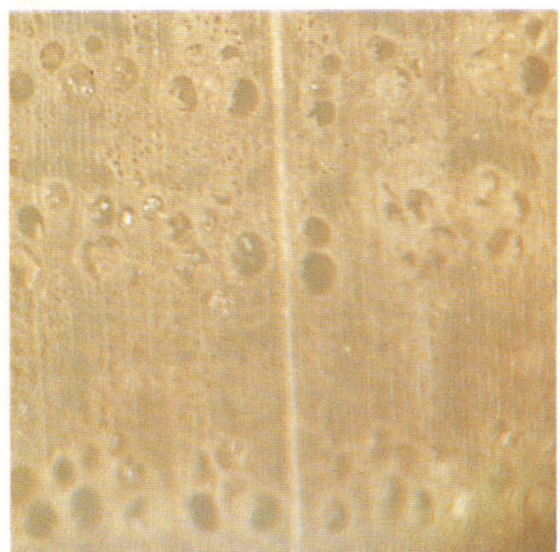

Un bois fraîchement abattu contient près de 100% d'humidité. Cette humidité se mesure par rapport au même bois anhydre, c'est-à-dire absolument sec.

En séchant, le bois perd d'abord l'eau contenue dans les vides cellulaires. Il descend rapidement jusqu'à 30% d'humidité. A ce stade, c'est l'eau contenue dans les parois des cellules qui s'évapore, et cela entraîne un retrait du bois.

LA RETRACTABILITE DU BOIS

❑ L'EQUILIBRE HYGROSCOPIQUE

A température et hygrométrie (humidité de l'air) données, le bois se stabilise à un degré d'humidité défini.

❑ LES EFFETS SUR L'UTILISATION DU BOIS

De même qu'une éponge rétrécit en se desséchant et se gonfle en s'humidifiant, le bois subit, dans une moindre mesure, des variations de dimensions lorsqu'il perd ou prend de l'humidité, entre 0 et 30%.

❑ LES FACTEURS QUI INFLUENCENT LA RETRACATABILITE DU BOIS

- La masse volumique

BOIS DENSE (hêtre, chêne)

BOIS LEGER (épicéa, peuplier)

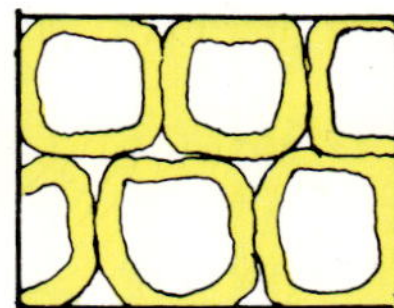

Retrait important

Retrait faible

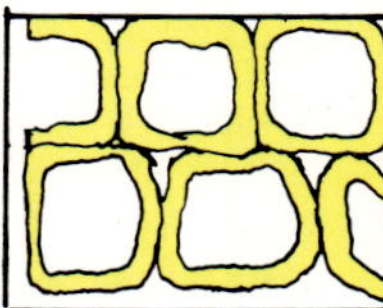

- La direction

. axiale : variation négligeable.

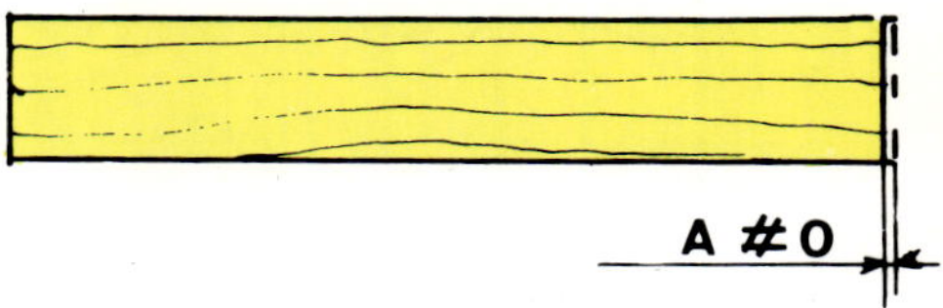

. radiale : variation faible (0,09 à 0,2).

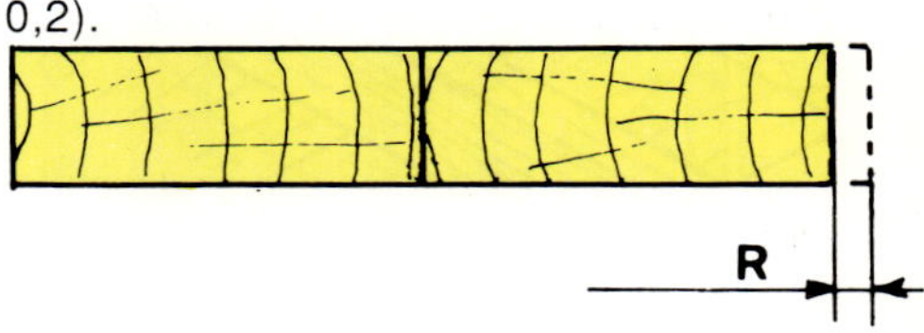

. tangentielle : variation importante (0,15 à 0,35).

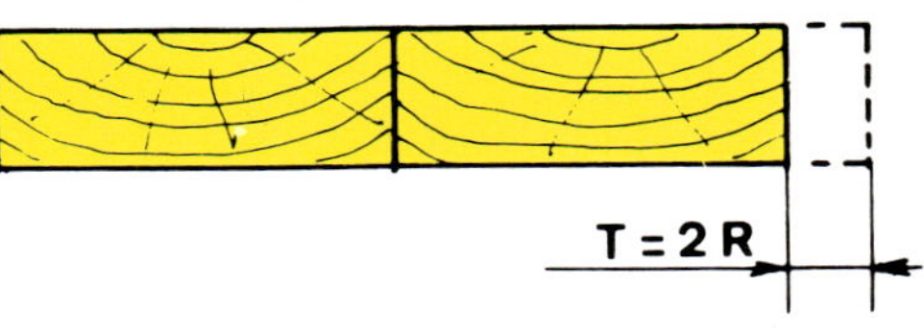

❑ LES CONSEQUENCES SUR LE MATERIAU

- Déformations

. Sur les grumes : fentes suivant les rayons médulaires.

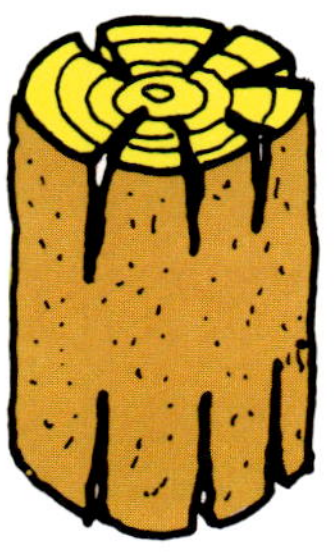

. Planche radiale : diminution de l'épaisseur vers l'aubier.

. Planche tangentielle : déformation des faces (on dit tirer à cœur).

. Autres déformations.

Les fentes dues au séchage proviennent du séchage trop rapide et de la différence de retrait entre le sens radial et le sens tangentiel.

REMARQUE

Les fentes dues au séchage du bois non mis en œuvre peuvent être "rattrapées" au débit et au corroyage (dégauchir et raboter).

ATTENTION

Le bois est commercialement sec entre 22 et 18% d'humidité. Suivant la région et la période, le bois va s'équilibrer entre 8 et 15%.

❑ LES EFFETS SUR UNE CONSTRUCTION

Nous allons prendre l'exemple d'un PANNEAU DE BOISERIE en chêne massif, réalisé avec du bois en section tangentielle. Le panneau mesure 1 m de large.

Les coefficients de rétractabilité pour le chêne sont :

direction radiale : 0,13

direction tangentielle : 0,30.

Lorsque le bois va perdre ou prendre 1% d'humidité, le panneau va "travailler" de :

$$\frac{1\,000 \text{ mm} \times 0{,}30}{100} = 3 \text{ mm.}$$

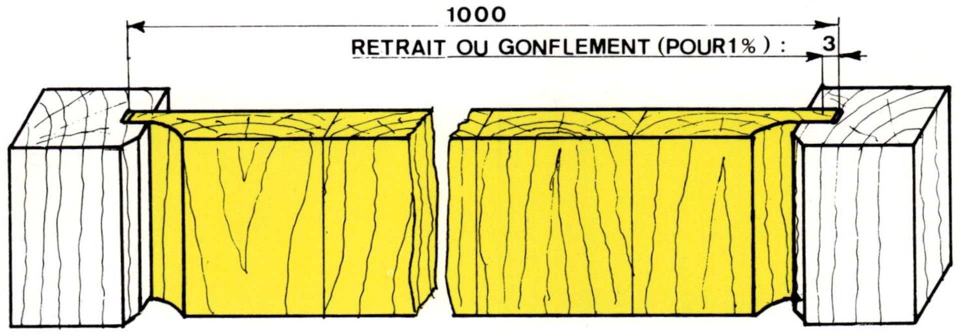

Réalisé en bois "commercialement sec" à 18% et placé dans une pièce saine et chauffée, le panneau se stabilisera en période de chauffe à 10% d'humidité.

Cela représente une différence de 8%, et le panneau rétrécira de :

8 x 3 mm = 24 mm.

L'inverse est vrai aussi. Ce même panneau réalisé avec du bois entreposé dans une pièce chauffée, pour être placé dans un endroit froid et humide, passera par exemple de 10 à 15%. Le panneau gonflera de :

5 x 3 mm = 15 mm.

Un tel travail va déprécier, voire détériorer l'ouvrage.

ATTENTION

Le bois a une grande force lorsqu'il se gonfle. Nos ancêtres l'utilisaient pour fendre la pierre. Un parquet de 10 m de longueur et de 23 mm d'épaisseur exerce une poussée de 40 à 50 tonnes s'il se trouve coincé.

Dans ce cas, ou une cloison cède, ou le plancher se soulève (cela arrive souvent).

❑ INVENTAIRE DE SOLUTIONS POUR CONTRECARRER LES EFFETS DE LA RETRACTABILITE

- Utiliser un bois ayant un pourcentage d'humidité adapté à l'emploi.
- Choisir un débit offrant un minimum de variations dimensionnelles (radial).
- Réduire les largeurs de pièces (traverses ou montants supplémentaires).

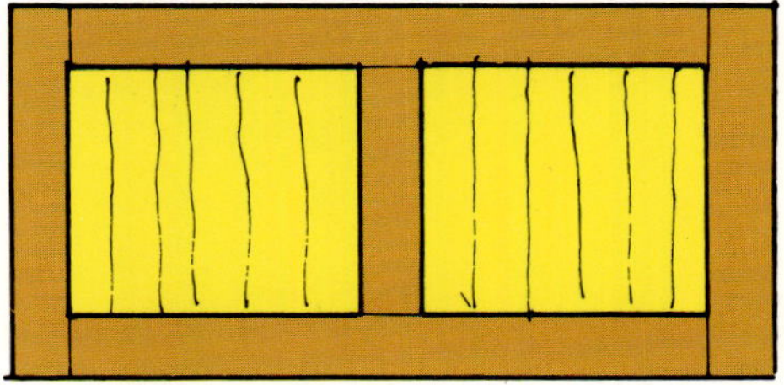

- Orienter les pièces correctement.

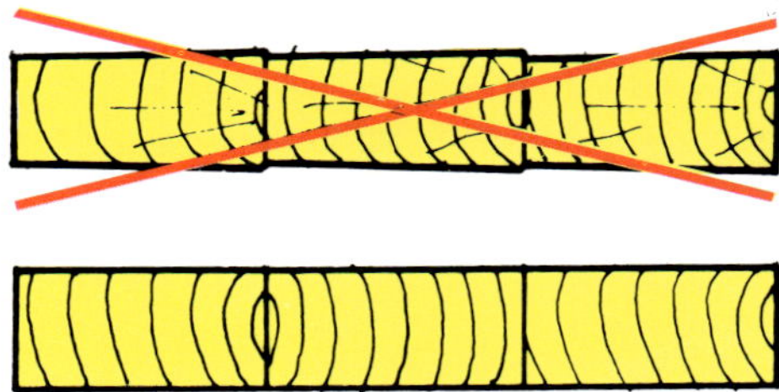

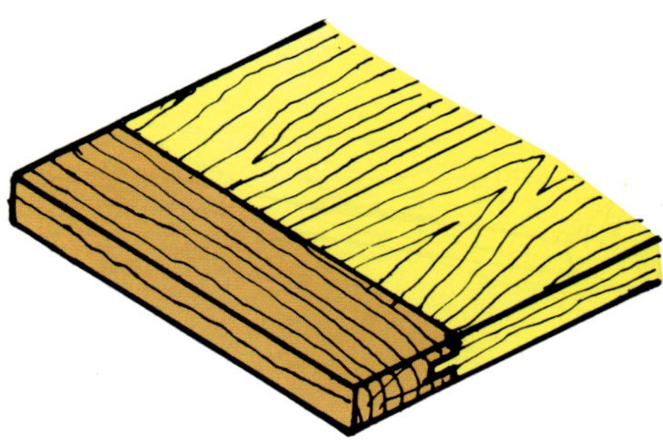

- Réduire la largeur des pièces.

- Si pour des raisons esthétiques on conserve des pièces de grande largeur, elles doivent être "barrées",

ou maintenues par des traverses.

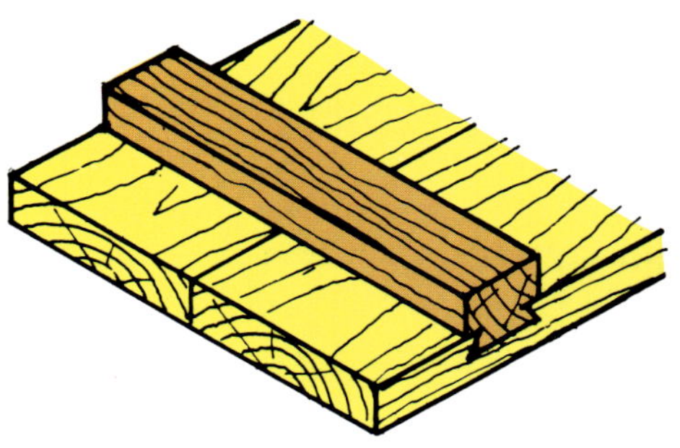

- Choisir des procédés de construction appropriés.

Enboîture sur contreplaqué.

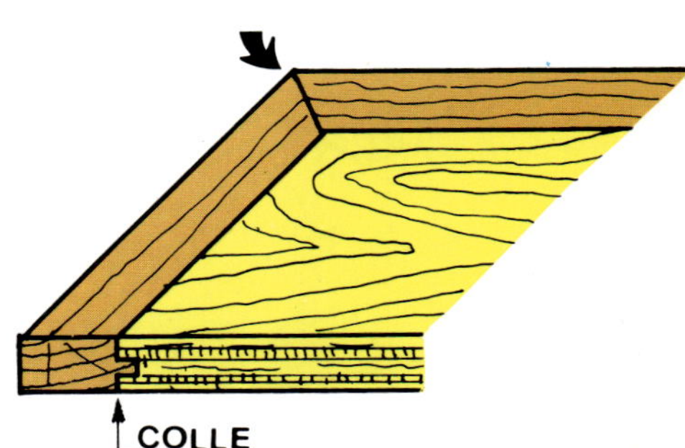

Panneau massif.

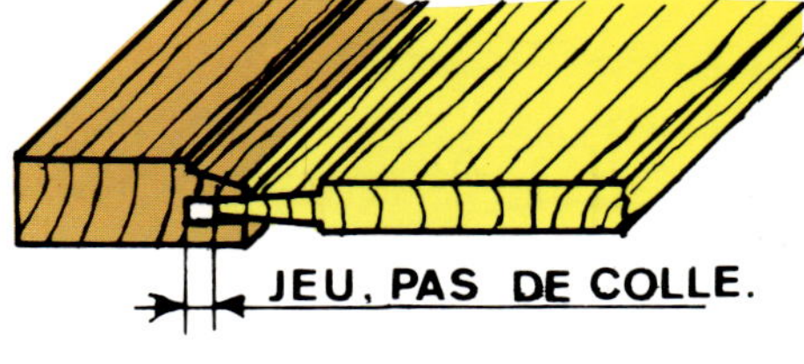

- Revêtir les surfaces des bois de peinture ou vernis qui ralentissent les variations dimensionnelles.

SECHAGE ET STOCKAGE DU BOIS

Le séchage et le stockage du bois sont sources de nombreuses altérations et déformations qui dévalorisent le bois.

❑ SECHAGE NATUREL

Un bois fraîchement scié doit être mis à sécher à l'extérieur ou sous un hangar ouvert. Il sera empilé sur un chantier bien droit et "épinglé" ou "baguetté" de manière à ce que l'air circule librement entre toutes les pièces.

- EMPILAGE PAR PLOT

Dans ce cas, on reconstitue la grume.

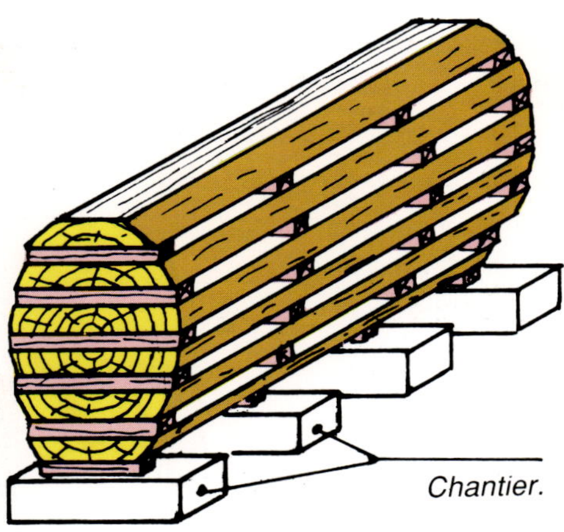

Lorsqu'il y a beaucoup de bois à stocker, les plots sont juxtaposés et superposés.

- EMPILAGE PAR COUCHES (OU LITS)

Cette méthode est utilisée pour les bois délignés, éventuellement pour les bois en plots.

Dans la même pile on pourra, si besoin est, empiler des essences et des épaisseurs différentes.

Mais dans une couche, il ne faut qu'une seule épaisseur, essence et longueur. Si les planches sont de largeurs différentes, il faut élargir les espaces afin de faciliter la circulation d'air.

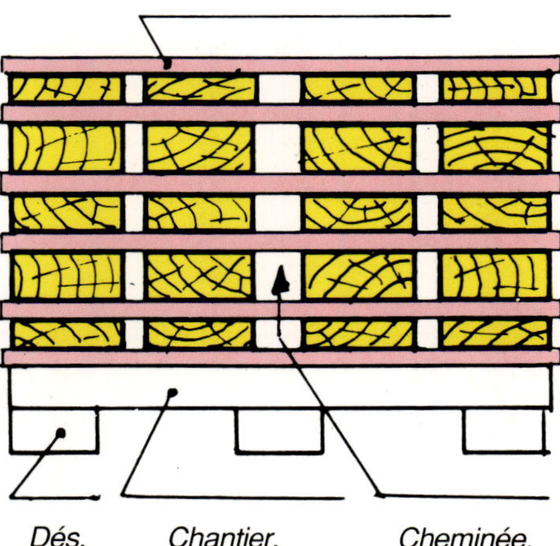

NOTE

Chaque pile de bois doit être protégée, plus du soleil que de la pluie. Celui-ci est à l'origine de nombreuses fentes qui apparaissent lors du séchage.

- LA DUREE DU SECHAGE

Deux fois plus longue pour les bois durs (chêne) que pour les bois tendres (peuplier), elle augmente proportionnellement avec l'épaisseur. Elle varie entre 1 et 3 ans.

- CE QU'IL FAUT FAIRE ET NE PAS FAIRE

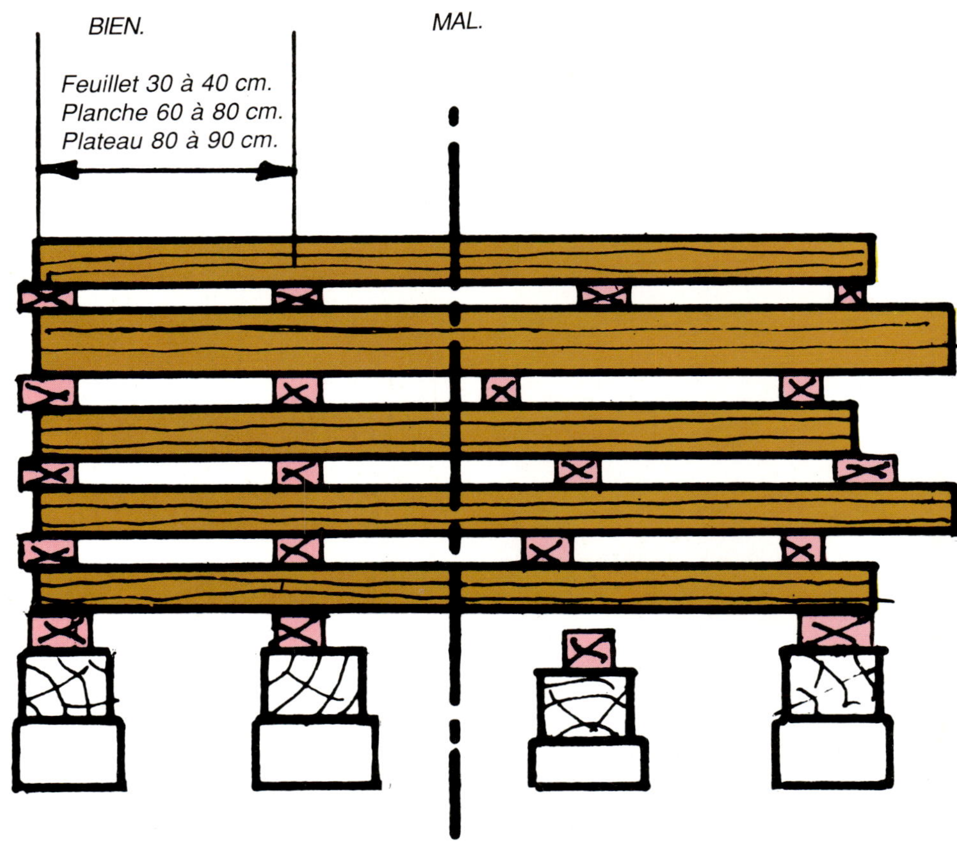

❑ LE SECHAGE ARTIFICIEL

Nécessitant de gros moyens, il reste l'apanage des professionnels.

NOTE

Le bois séché artificiellement est plus cher à l'achat. En revanche son degré de séchage est sûr (à demander), et il est débarrassé des germes de maladies, voire d'insectes.

❑ LE STOCKAGE

Lorsque le bois est sec, il est bon de le rentrer quelque temps avant de le travailler. Le local où il sera stocké devra être bien aéré pour éviter les étouffures ou le bleuissement.

NOTE

Il est toujours préférable de stocker le bois épinglé.

LE MATERIEL

OUTILLAGE MANUEL

Après le choix des matériaux, le choix des outils. Ce choix est important, car un OUTIL DE QUALITE dure une vie de professionnel, à plus forte raison de bricoleur.

- Outils de débit : boîte de coupe, scie sterling, scie à monture, scie égoïne, scie à dos, scie à guichet.

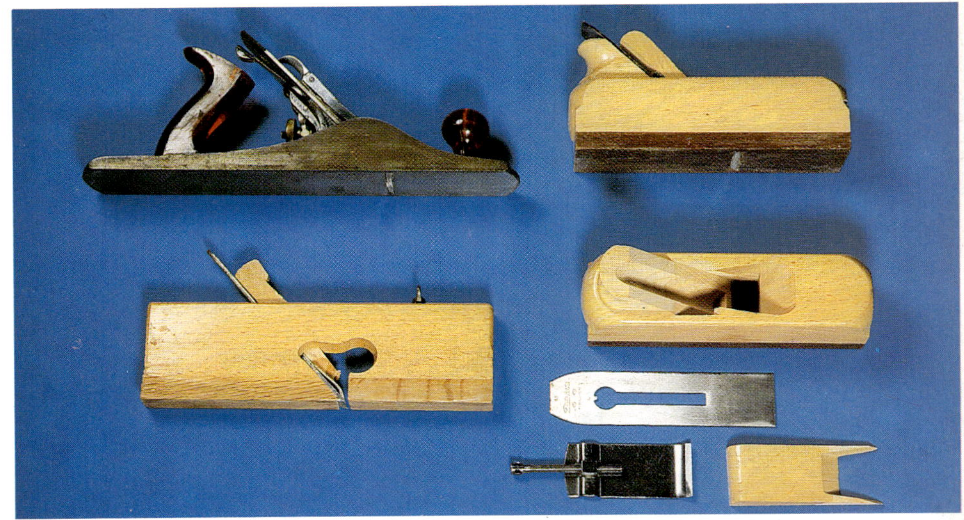

- **Outils de corroyage** : demi-varloppe métallique, rabot bois, guillaume.

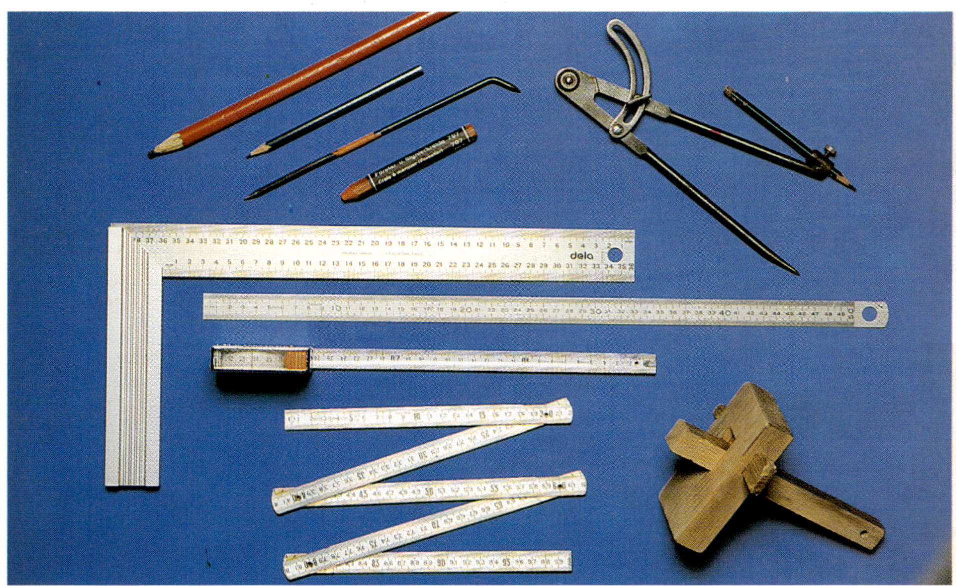

- **Outils de traçage** : mètre ruban ou pliant, réglet, crayon, pointe à tracer, craie grasse, équerre à chapeau à onglet, compas, trusquin.

- **Outils à percer**
  Vilebrequin - mèche
  Vrille
  Forets

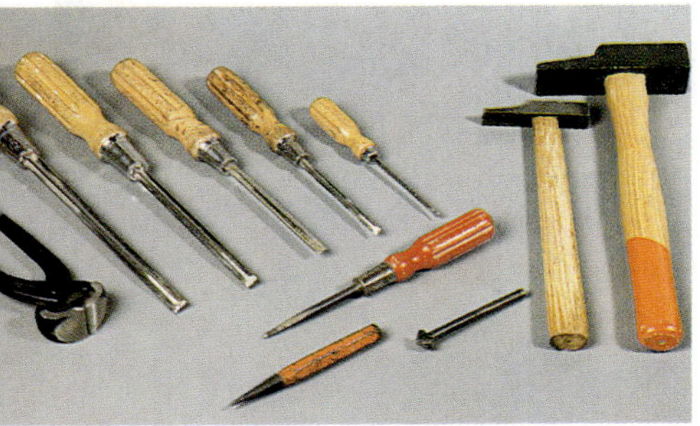

- **Outils de montage**
  Marteau petit 12 à 18 mm
  Marteau grand 30 mm
  Tenailles
  Chasse pointes
  Pointe carrée
  Fraise
  Tournevis

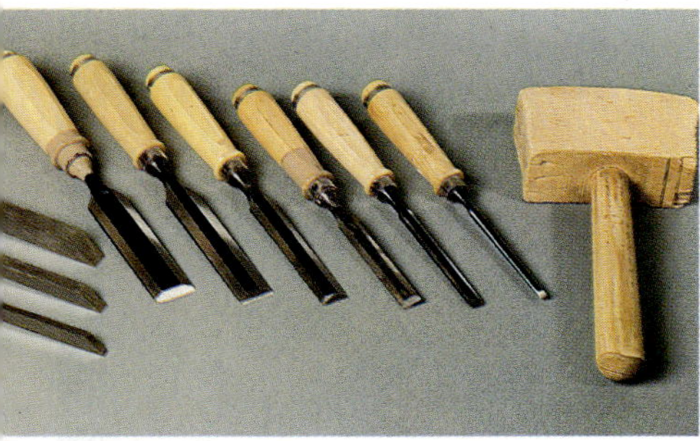

- **Outils à creuser**
  1 jeu de ciseaux à bois de 6 à 30 mm
  1 maillet
  Eventuellement 1 jeu de bédannes

REMARQUE

Cette liste est réduite au minimum, et si tous les outils ne servent pas pour une réalisation, il en faudra par contre d'autres pour des fabrications un peu spéciales.

- **Outils de finition**
  Rape
  Lime
  Racloir
  Papier abrasif

TENUE DE QUELQUES OUTILS

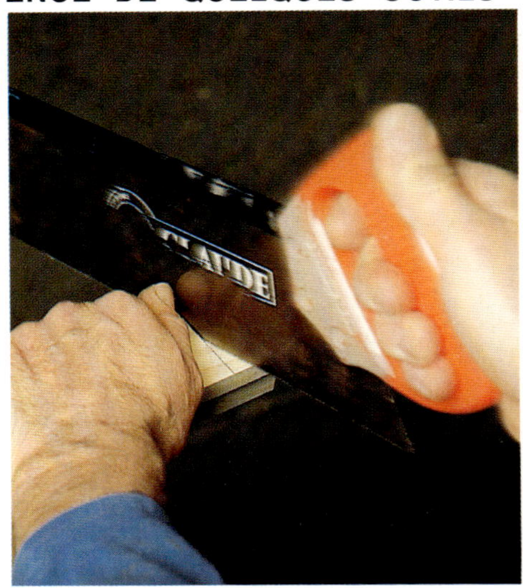

Tenue de la scie à dos :
- appuyer légèrement.
- guider la lame avec le pouce légèrement relevé.

Tenue du racloir :
- cintrer l'outil par une forte pression tout en le pressant sur le bois.

Tenue du rabot :
- pression régulière
- éviter de "descendre" aux extrémités.

Tenue de la râpe :
- conjugaison de trois mouvements
. avance
. déplacement latéral
. rotation.

Tenue du ciseau à bois :
- travail en finesse
- travail en force.

ENTRETIEN DES OUTILS MANUELS

Les meilleurs outils ne permettent pas un bon travail s'ils ne sont pas affûtés.

❑ AFFUTER UNE SCIE

- Nettoyer : débarrasser la lame des traces de colle, etc.

- Avoyer : (si besoin est).

L'avoyage consiste à incliner les dents alternativement, à droite et à gauche. On utilise une pince à avoyer, un tourne à gauche ou à défaut un tournevis (opération délicate).

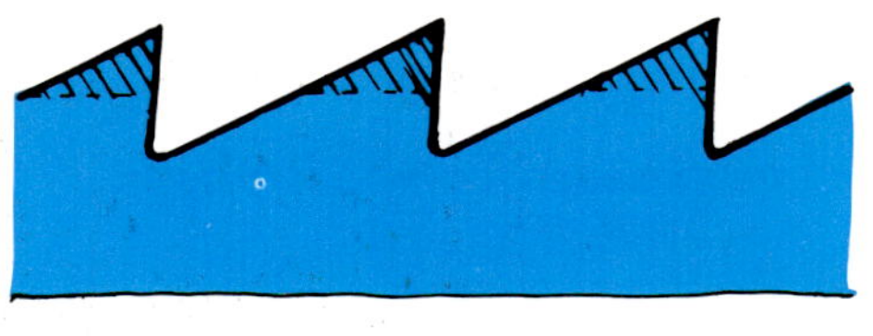

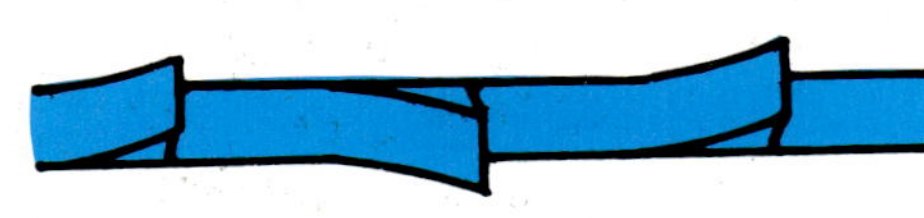

Le but de l'avoyage est d'éviter le coinçage de la scie grâce au passage créé par les dents.

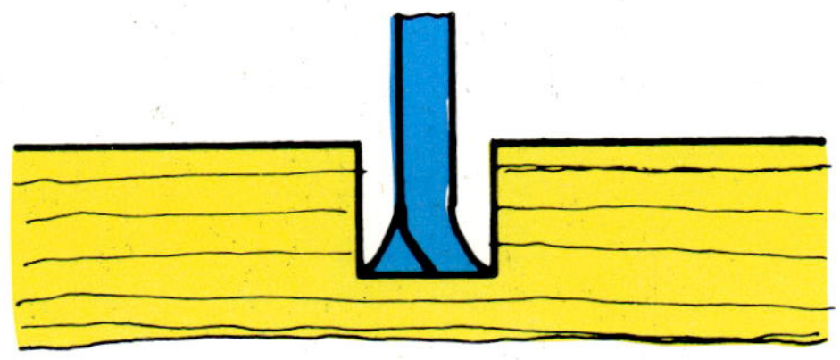

NOTE

L'avoyage doit être plus important pour du bois vert que pour du bois sec.

- Affûter :

L'affûtage se fait avec un tiers point (lime triangulaire à 1 taille).

L'affûtage se fait de l'avant vers l'arrière de la scie.

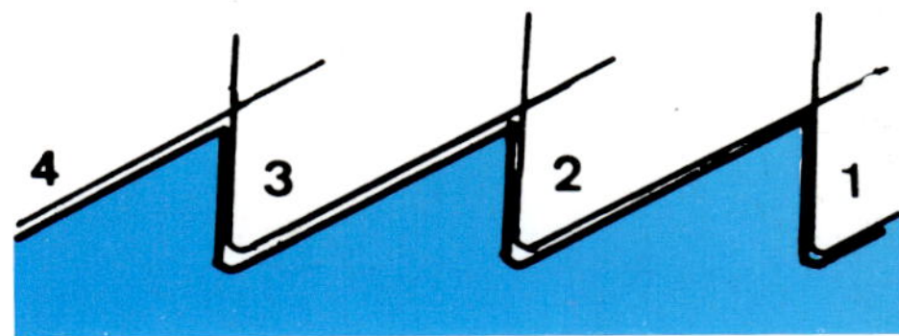

Avant d'affûter, il faut repérer les angles afin de tenir correctement la lime.

1) Penchée vers l'avant, mais d'équerre par rapport à la lame pour les scies à denture fine et couchée telle la scie à dos.

2) Inclinée dans 1 ou 2 sens pour les scies à dents biaises (scies à tronçonner, etc.).

Pour le schéma suivant il faut bien repérer les angles avant d'affûter pour conserver les qualités de coupe. Dans certains cas on ne peut affûter qu'une seule face de dent à la fois.

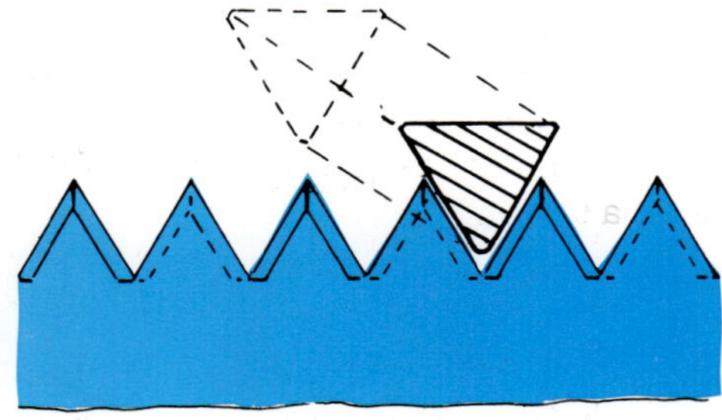

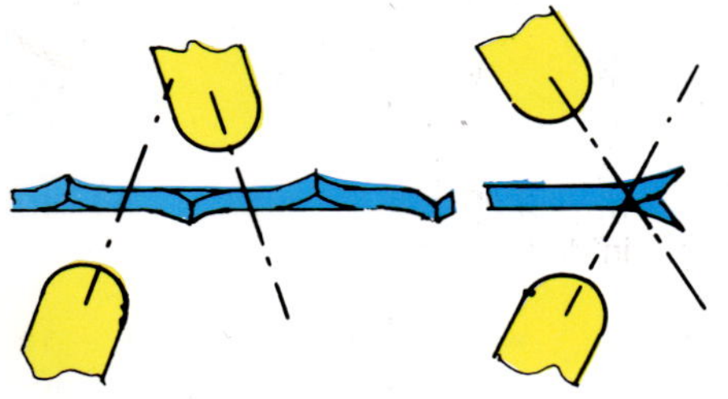

> *REMARQUE*
>
> *Il existe des scies à denture traitée qui tiennent bien la coupe, mais qui ne peuvent être réaffûtées.*

❑ AFFUTER UN CISEAU A BOIS

- Affûter

L'affûtage peut se faire avec une pierre à eau ou à huile à gros grain (déplacement

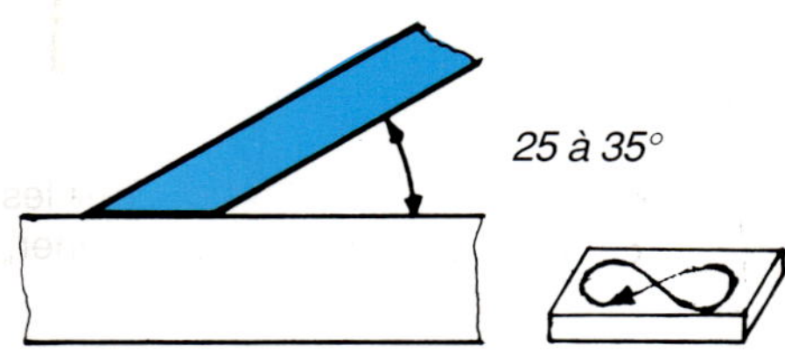

> *REMARQUE*
>
> *Il est très difficile d'obtenir ainsi une bonne coupe. La première machine que devrait acheter un bricoleur est un touret à meuler.*

A la meule, il faut faire attention de ne pas brûler l'outil (appuyer légèrement et déplacer l'outil pendant le meulage).

L'angle de bec (pointe de l'outil) varie de 25° pour des travaux fins à 35° pour des travaux grossiers.

- Morfiler

L'affûtage à la meule donne une petite bavure appelée morfil. Celui-ci sera enlevé en passant alternativement le plat et le biseau de l'outil sur une pierre à huile fine jusqu'à disparition.

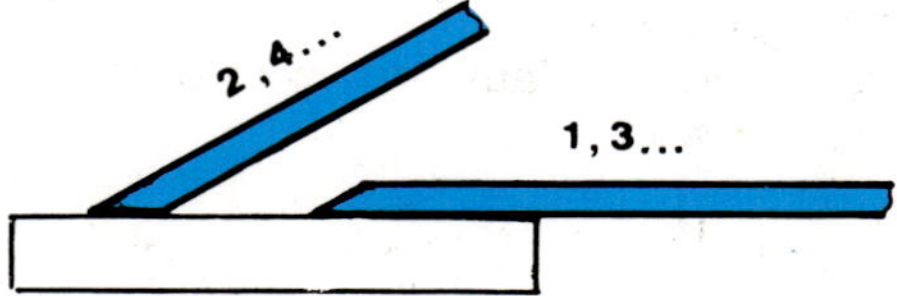

❑ AFFUTER ET REGLER UN RABOT

- Démonter

Le rabot se démonte en tapant le talon du rabot sur l'établi tout en tirant sur le coin.

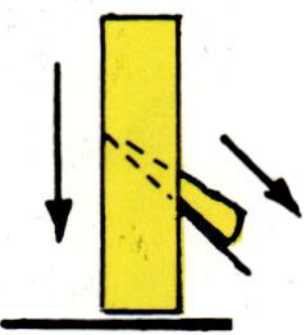

- Affûter et morfiler

Se fait comme sur un ciseau à bois.

- Remonter - régler

1) Régler d'abord le contre fer par rapport au fer. Lorsque le bois est nerveux, il faut réduire le retrait du contre fer.

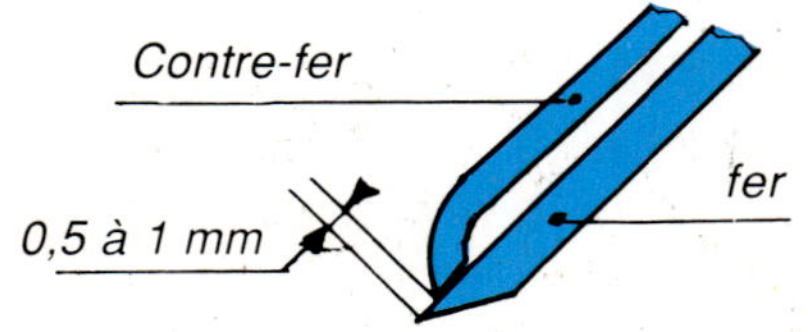

2) Remonter et bloquer le fer - contre fer, contrôler la saillie et le parallélisme par visée frisante avec la semelle

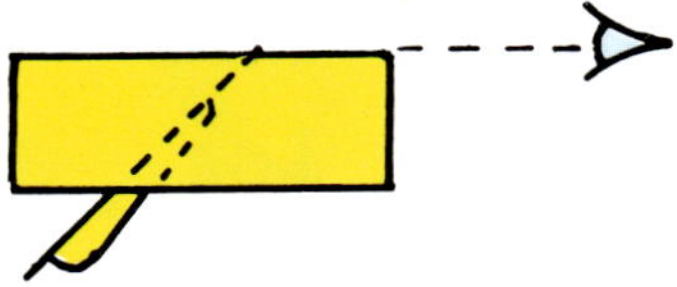

Le réglage d'un rabot métallique se fait à l'aide des vis prévues à cet effet.

Le réglage du rabot en bois se fait en tapant sur le fer ou sur le talon.

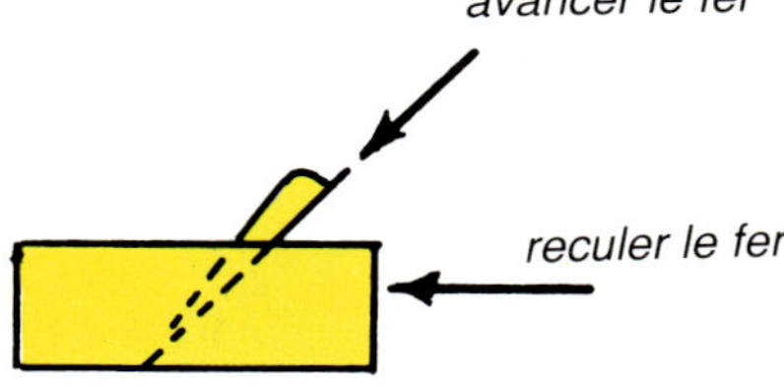

> *REMARQUE*
>
> *Un bon copeau a une épaisseur de 0,1 mm à 0,4 mm.*
>
> *Le fer doit donc très peu dépasser et être parallèle à la semelle.*

❑ AFFUTER UN RACLOIR

- Limer

Bien droit, avec un tiers point.

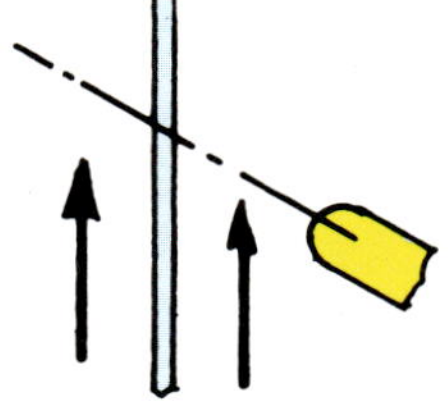

- Polir

A la pierre à huile.

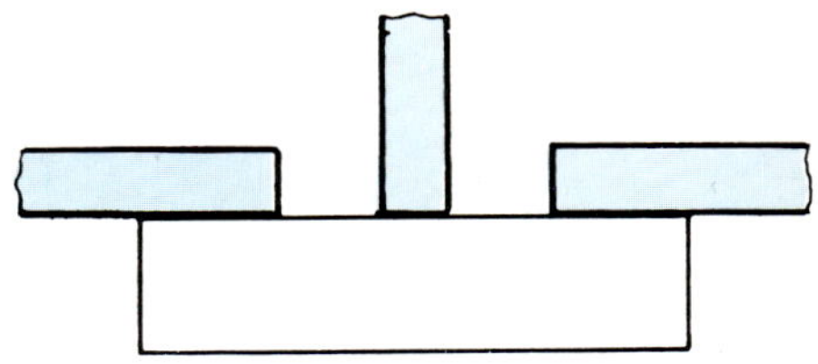

- Donner du fil

Ecrasement de l'angle à l'aide d'un affiloir.

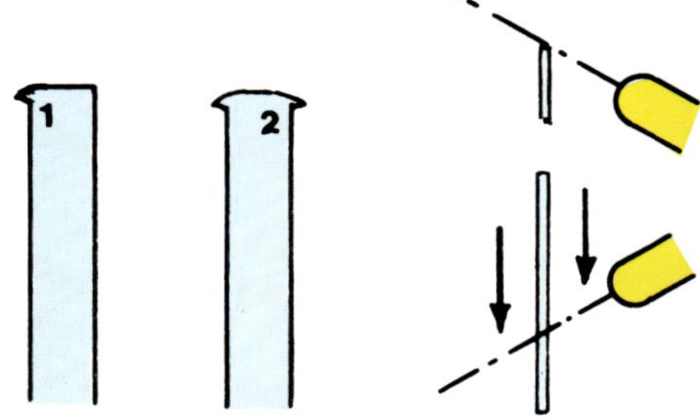

> *NOTE*
>
> *Le fil peut être refait plusieurs fois avant de reprendre l'affûtage au début.*

LES MACHINES ELECTROPORTATIVES

La multiplication des machines électroportatives révolutionne le monde des bricoleurs, permettant à ceux-ci d'aborder des fabrications que les seuls outils manuels ne permettent que difficilement.

1 Perceuse - 2 Perceuse à percussion, variateur, couple, marche G. D. - 3 Scie circulaire - 4 Défonceuse - 5 Rabot électrique - 6 Ponceuse vibrante - 7 Scie sauteuse - 8 Ponceuse à bande - 9 Visseuse à accus.

QUELLES MACHINES CHOISIR ?

Lorsque l'on achète des machines, il ne faut pas se tromper.

- Perceuse

Servira beaucoup, que l'on possède ou non des machines fixes. Si elle est équipée d'une rotation G. D., elle pourra servir de visseuse-dévisseuse.

- Scie sauteuse

Permet des sciages droits avec guidage,

ou chantournés.

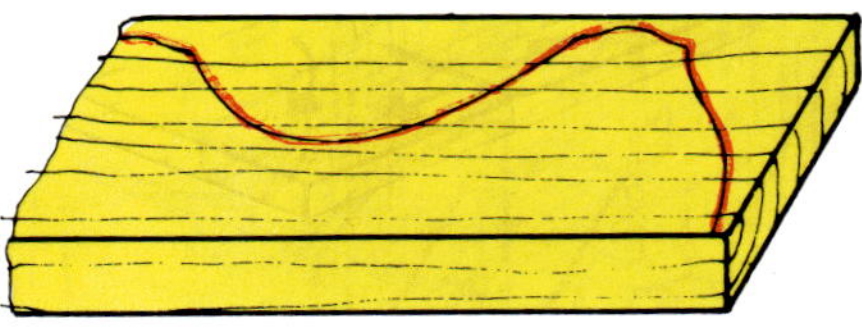

- Scie circulaire

La scie circulaire est une machine ne permettant que des sciages droits, par

contre, la coupe est beaucoup plus rapide.

Pour débiter des panneaux avec précision, utiliser un guidage.

ATTENTION

La scie circulaire est une machine qui demande des précautions.

- Toujours utiliser le couteau diviseur.

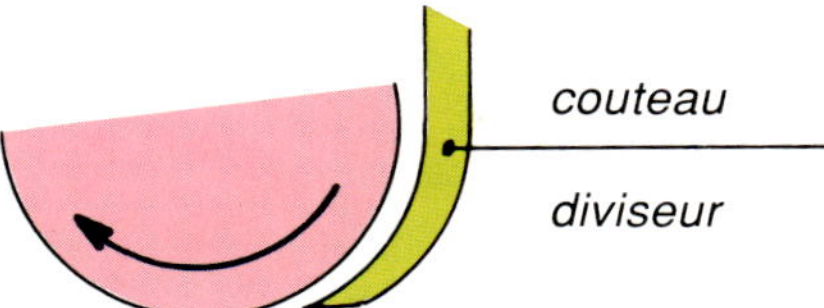

- Eviter que le bois ne coince la lame (par exemple au tronçonnage). La machine serait violemment projetée en arrière.

- Avant de poser la machine, vérifier chaque fois si le capot est bien revenu en place.

- Rabot électrique

Utile en pose, cette machine ne peut remplacer une raboteuse. Il faut beaucoup de dextérité pour obtenir une surface plane.

ATTENTION

Le rabot électrique est une machine qui demande des précautions.

- En tenue manuelle, certaines marques esquissent un mouvement de rotation lorsqu'on lâche l'interrupteur. Gare à la main gauche ou à la cuisse.

- En position retournée, le rabot électrique devient une mini dégauchisseuse

- Défonceuse

Cette machine a une multitude de possibilités. Avec des outils adaptés, on peut profiler.

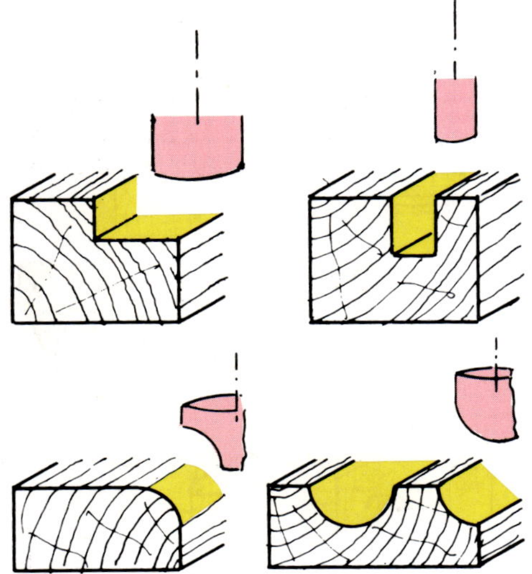

Avec montage, on peut entailler, etc.

- Ponceuse à bande

Rendement plus élevé qu'une ponceuse vibrante. L'usage nécessite un coup de main pour éviter de "manger" les bords.

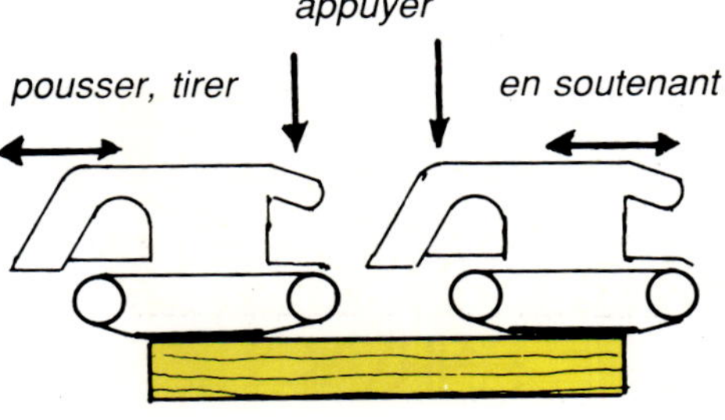

- Ponceuse vibrante ou orbitale

Excellente machine de finition, mais peu efficace pour enlever des défauts importants (il faut égaliser au rabot et racler au préalable).

- Visseuse

L'utilité de cette machine apparaît vraiment lorsqu'on en possède une. Elle nous pousse dans de nombreux travaux à remplacer les pointes par des vis, qui tiennent mieux et qui sont démontables.

LES MACHINES FIXES

COMMENT CHOISIR UNE MACHINE

Pour bien choisir une machine, il faut comparer les prix, les caractéristiques, la maniabilité, l'accessibilité et la solidité d'un certain nombre d'éléments, que l'on retrouve sur la plupart des machines, y compris les machines combinées.

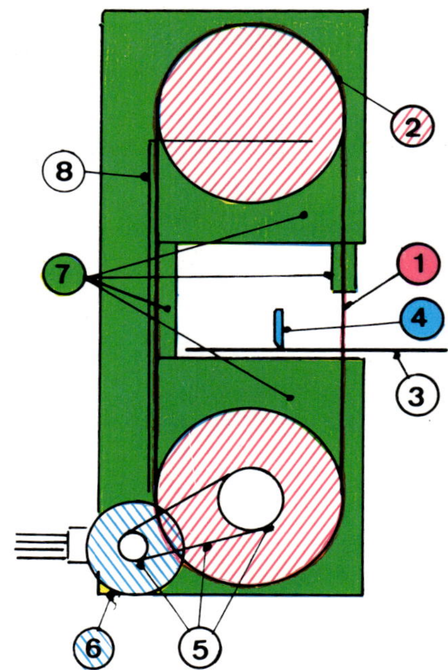

LES ELEMENTS COMMUNS

1) Outil
2) Porte outil
3) Table
4) Guide
5) Transmission
6) Moteur, interrupteur
7) Sécurités, protections
8) Bâti

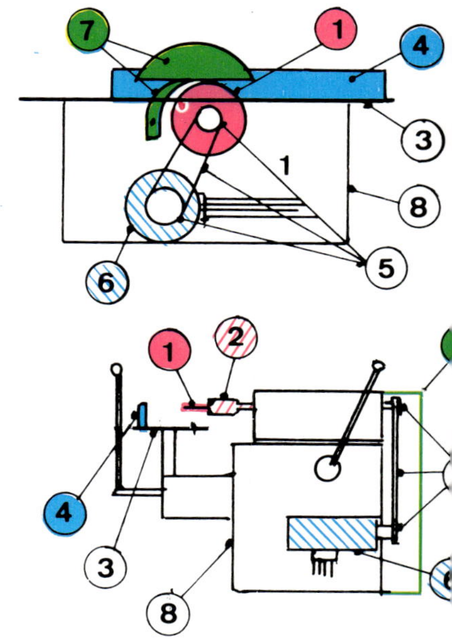

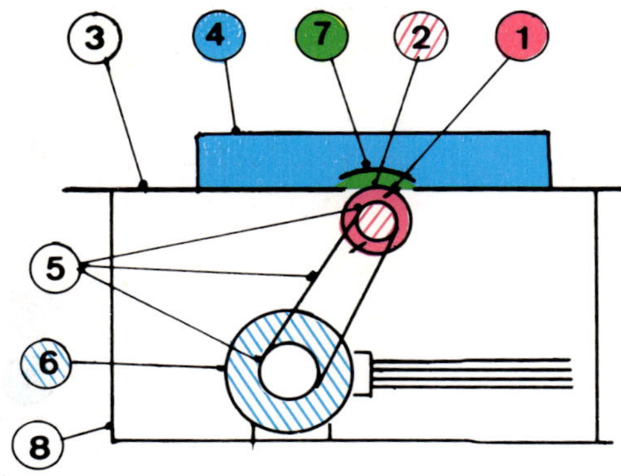

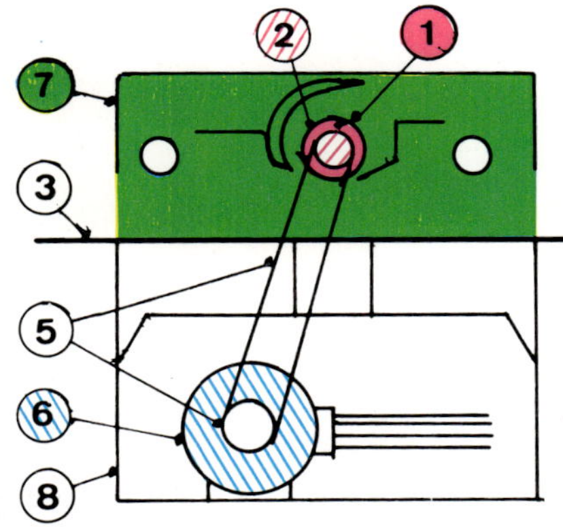

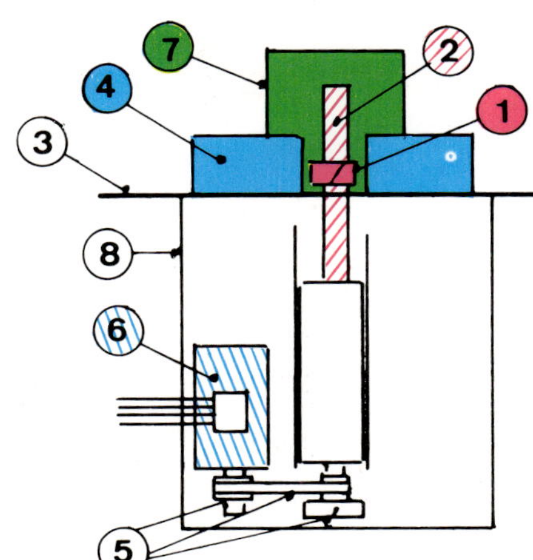

LE TRAVAIL ET LA SECURITE SUR LES MACHINES A BOIS

Au fil de ces pages, je m'efforce de donner un certain nombre d'idées et de trucs, permettant à chacun de tirer de sa machine le meilleur profit.

Pour chaque machine, j'insiste sur la SECURITE.

Les statistiques des services S.O.S. Mains montrent que nombre d'accidents diminuent chez les professionnels et augmentent chez les bricoleurs.

Il ne faut pas avoir peur des machines, mais IL FAUT LES RESPECTER !

❑ LE TRAVAIL A LA SCIE A RUBAN

La lame de la scie à ruban doit être adaptée à la machine.

- La longueur est donnée par le fabricant.

- L'épaisseur ne doit pas être supérieure au 1/1000 du diamètre du volant (ex. : diamètre du volant = 700 mm, épaisseur de la lame = 0,7 mm).

- La largeur dépend du travail à réaliser : lame large pour sciage droit, étroite pour chantournement.

Il ne faut pas hésiter à affûter souvent, la longévité de la lame et la sécurité en dépendent.

La position des mains et des pieds est importante : pieds à plat, doigts serrés.

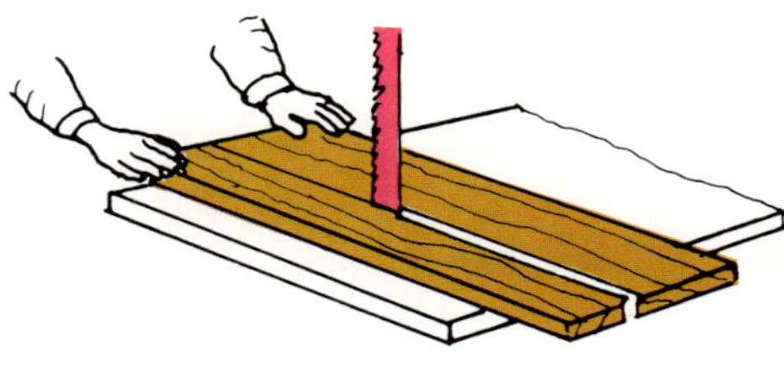

Eviter les pressions sur le trait de scie.

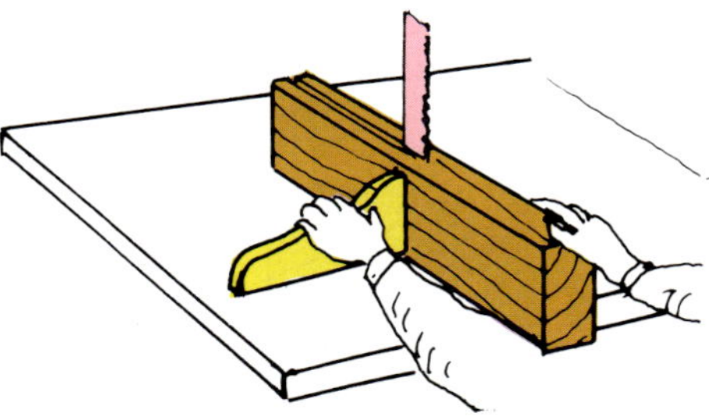

- Scier des pièces verticales
Sciage libre avec cale d'équerrage,

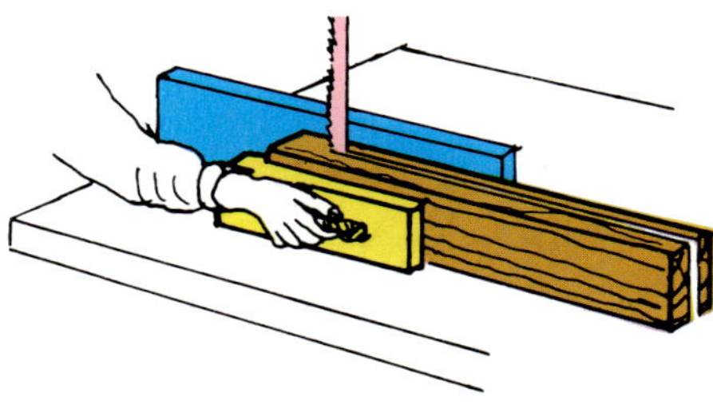

avec guide, poussoir en fin de course.

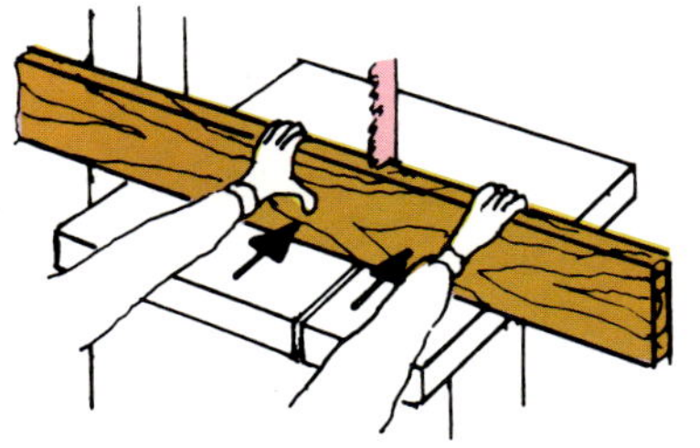

Pour tronçonner, appuyer la pièce contre le bâti, ou entamer le sciage en bas (sinon basculement de la pièce).

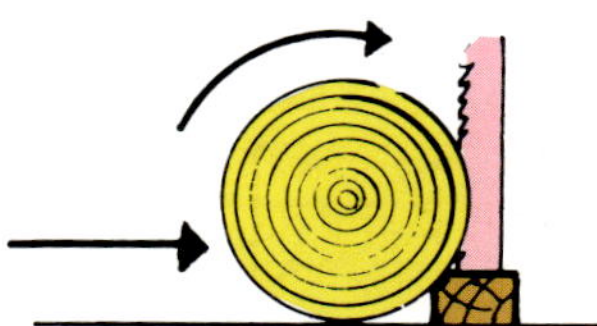

- Scier des pièces cylindriques
Risque de rotation intempestive. Il faut caler la pièce.

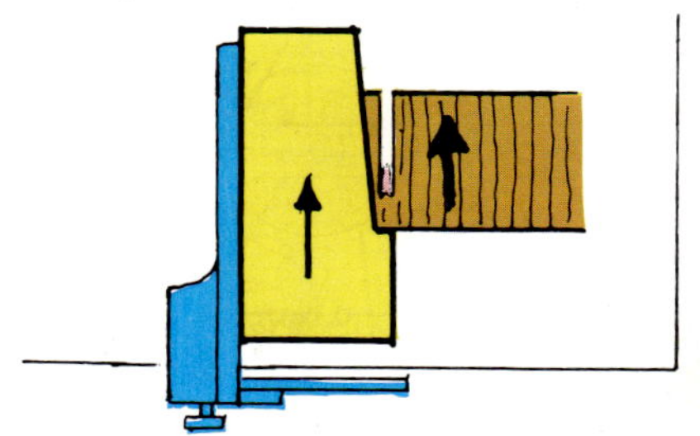

- Scier des petites pièces identiques
Utiliser une boîte de coupe.

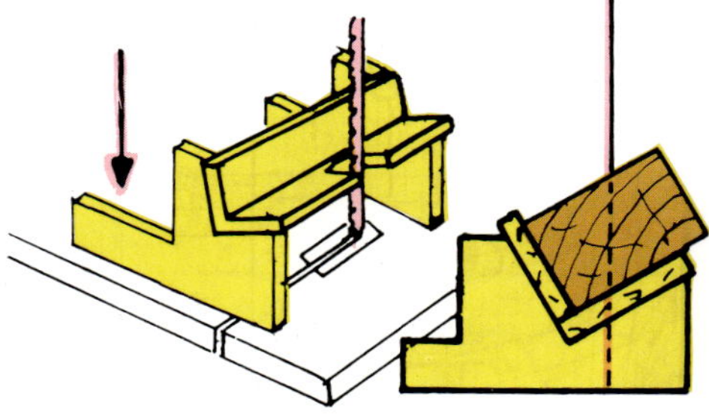

- Déligner, rescier avec un angle différent de 90°
La pièce coulisse dans le montage qui est fixé sur la table.

❑ LE TRAVAIL A LA SCIE CIRCULAIRE

Pour travailler dans de bonnes conditions, il faut utiliser une lame bien affûtée. Si la scie est en acier ou chrome (normale), il faut s'assurer que la voie est suffisante (risque de rejet). Pour les lames au carbure, la voie est donnée par les pastilles. Une lame au carbure à denture moyenne donnera satisfaction.

- Régler la lame et le couteau diviseur

Le flèche (hauteur de la lame) doit être réglée en fonction de l'épaisseur du bois.

L'élément le plus important pour la sécurité est le couteau diviseur qui limite les risques de rejet.

Il faut aussi utiliser un capot de protection.

Dépassement de la dent maxi 5 mm.

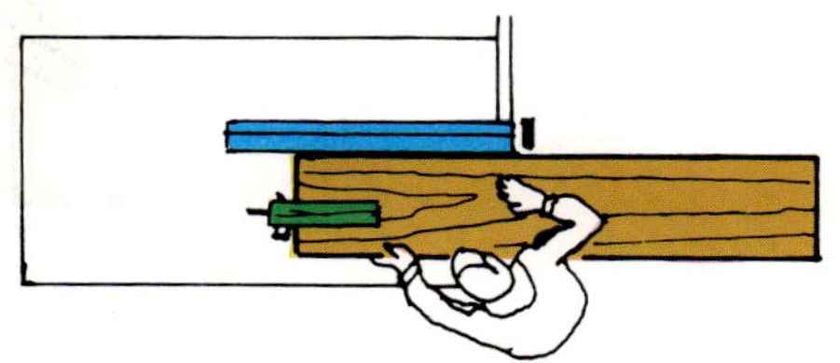

- Position de la machine

Hors de la zone de rejet.

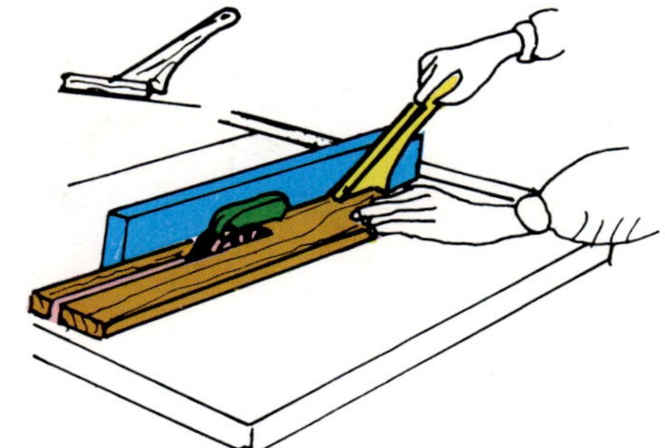

- Utiliser des poussoirs

Pour les pièces étroites.

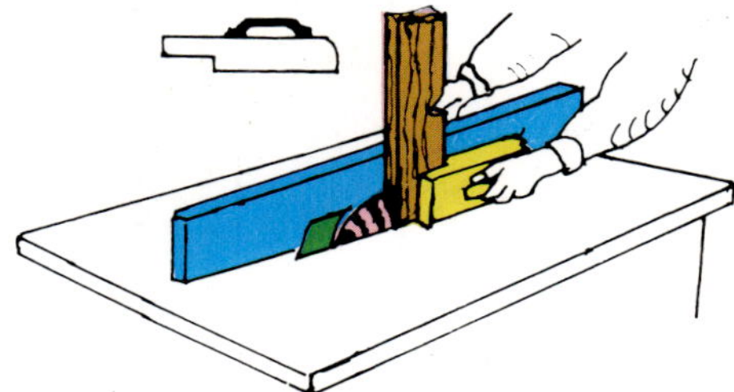

Pour les sciages en bout (tenon, fourche, etc.).

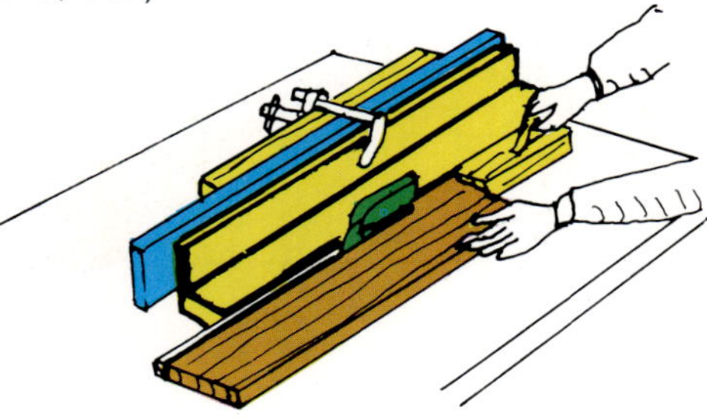

- Guides auxiliaires

Pour pièces étroites.

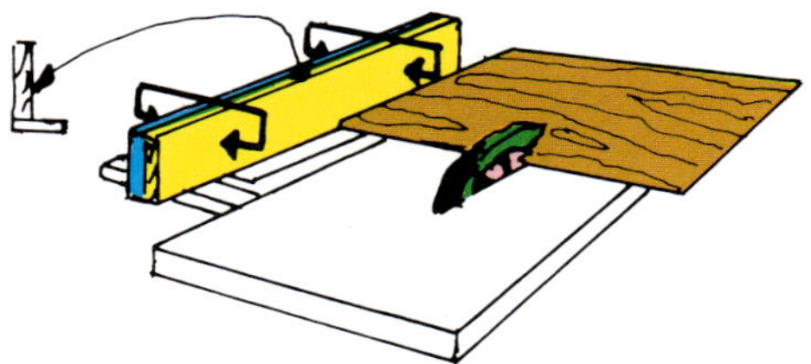

Pour pièces trop larges et fines.

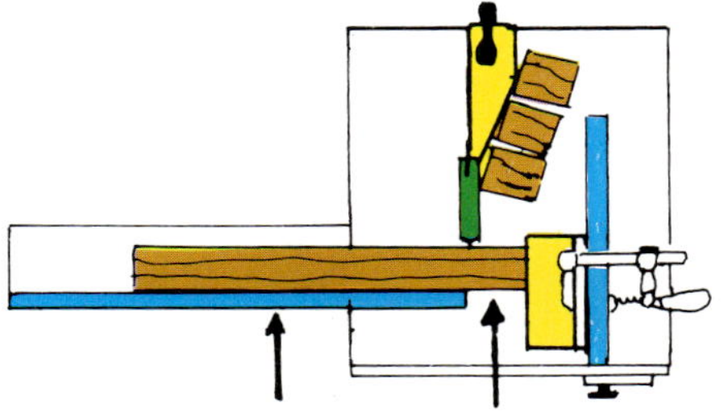

Pour tronçonner.

REMARQUE

Ce guide évite aux pièces de s'arc-bouter entre le guide et la lame. Le coin empêche les pièces de toucher l'arrière de la lame (rejet).

- Réaliser des sciages non parallèles

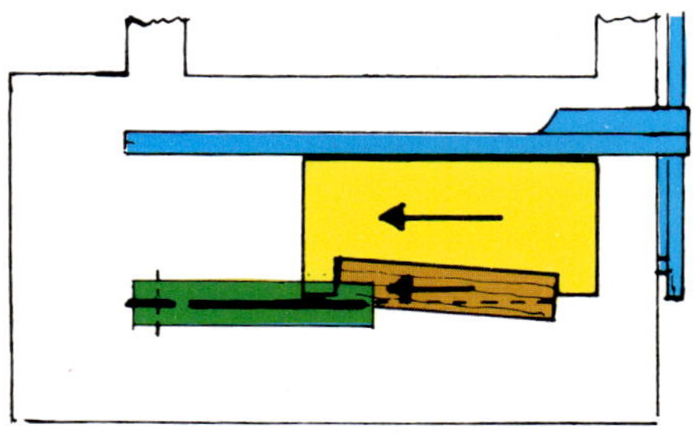

La boîte de sciage se déplace avec la pièce.

- Réaliser des sciages non débouchants.

Il faut impérativement utiliser des butées.

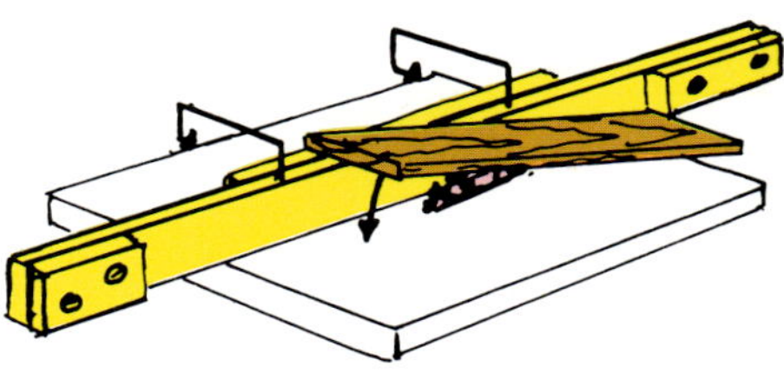

ATTENTION

Eviter de mettre la main derrière la lame de scie.

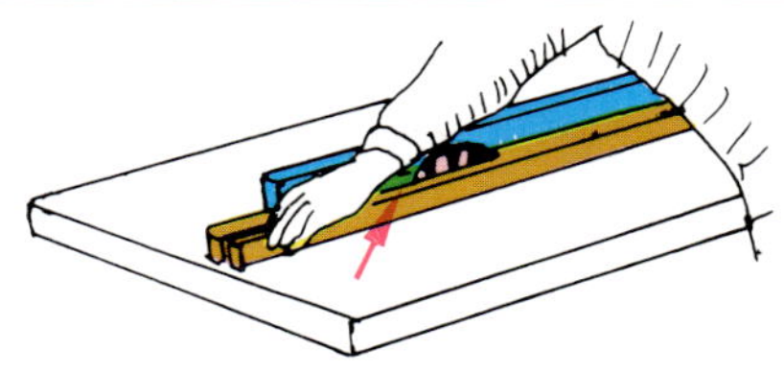

❑ LE TRAVAIL A LA DEGAUCHISSEUSE

- Etat de surface du dégauchissage

De nombreux éléments influencent l'état de surface du dégauchissage. On ne peut pas agir sur le diamètre du cylindre de coupe, la vitesse de rotation, le nombre d'arêtes tranchantes. D'autres éléments sont contrôlables.

. LE REGLAGE DES FERS : un fer en retrait de 0,2 mm ne touchera jamais le bois.

. LA VITESSE D'AMMENAGE : une avance rapide entraîne des ondes importantes.

. LE SENS D'INTRODUCTION DES PIECES : l'orientation des fibres dans le bon sens évite des éclats.

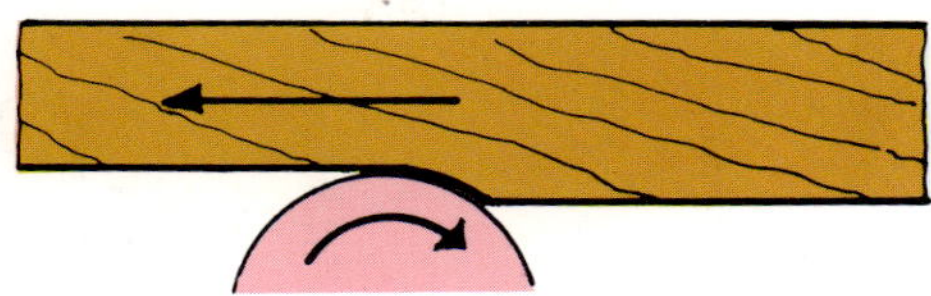

. L'AFFUTAGE DES FERS : c'est l'élément le plus important. Des fers émoussés empêchent un dégauchissage propre et rendent la machine dangereuse.

- Régler les tables

Du bon réglage des tables dépend la planéité du dégauchissage. Cela est important par exemple dans le cas de pièces devant être collées.

Table bien réglée.

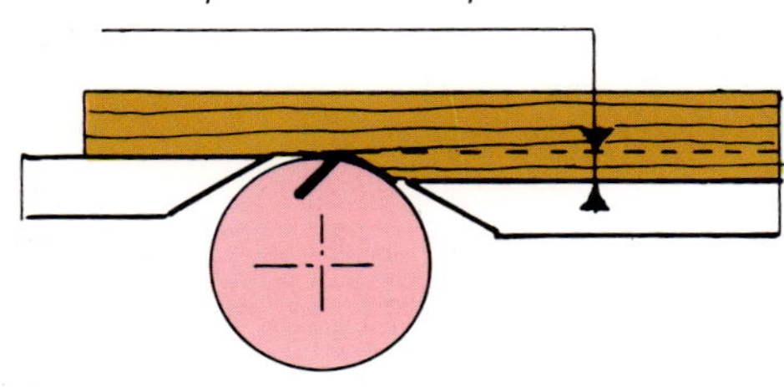

Bon collage.

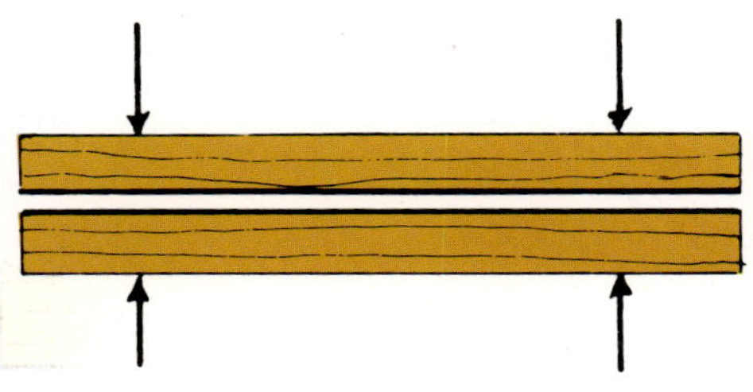

Table de réception trop haute : dégauchissage bombé.

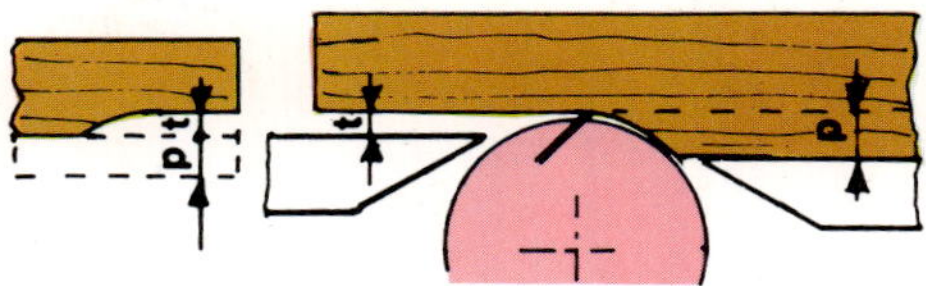

Collage passable.

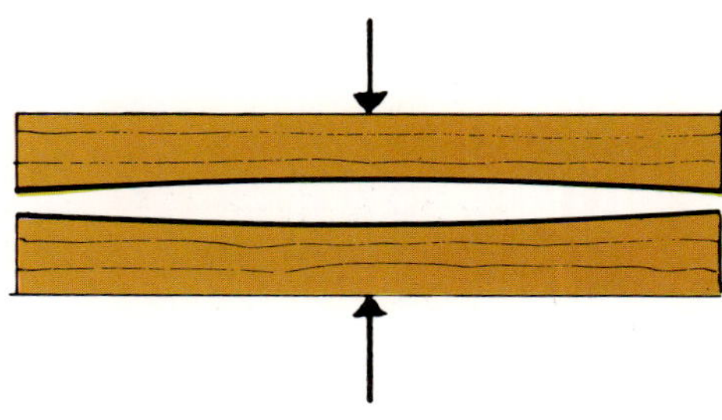

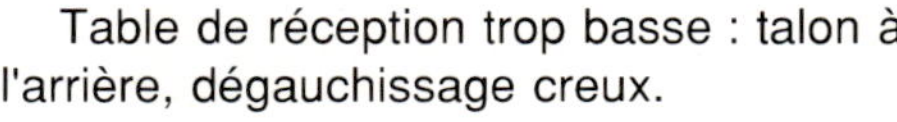

Table de réception trop basse : talon à l'arrière, dégauchissage creux.

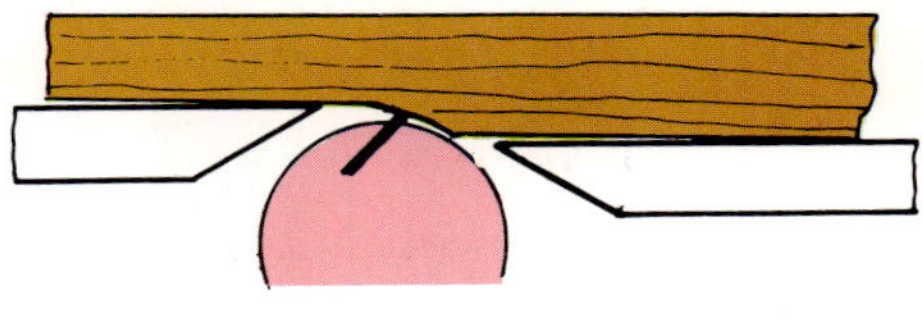

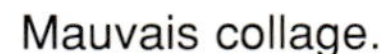

Mauvais collage.

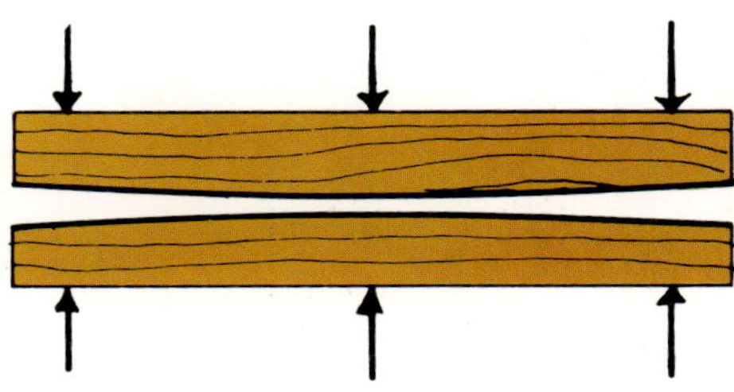

ATTENTION

La dégauchisseuse est la machine qui provoque le plus d'accidents, heureusement pas trop graves. Il faut absolument apprendre à travailler avec le protecteur adapté à la machine, même si au début, il semble constituer une gêne. C'est un coup de main à prendre.

- Dégauchir à plat et dresser un chant
Position des mains à plat, doigts serrés.

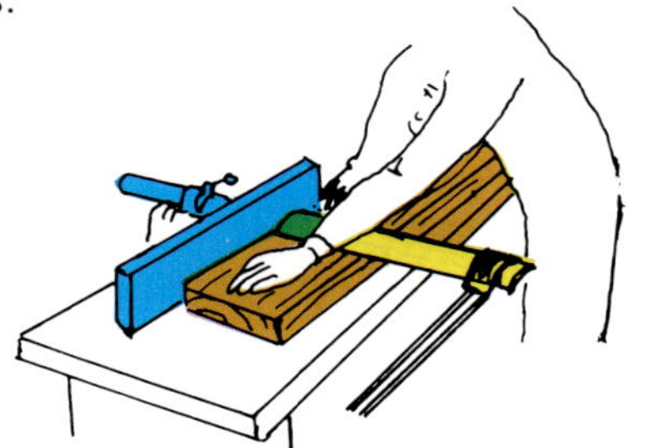

Pression latérale.

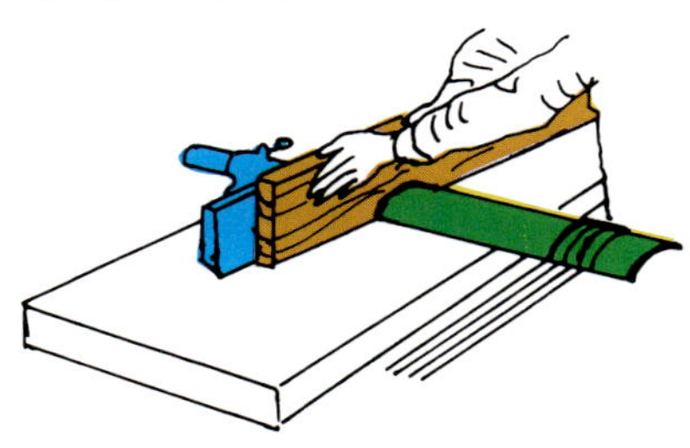

- Pièces très fines
Utiliser un guide auxiliaire.

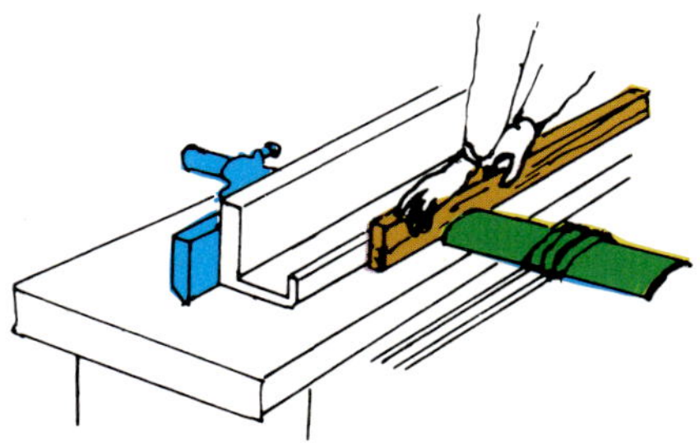

- Pièces très courtes
Utiliser un poussoir.

DANGER

Paume gauche, pouce droit.

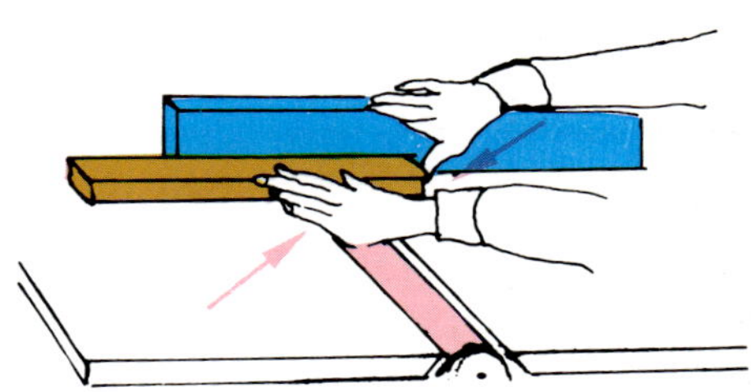

Pouce gauche (dérapage), index droit.

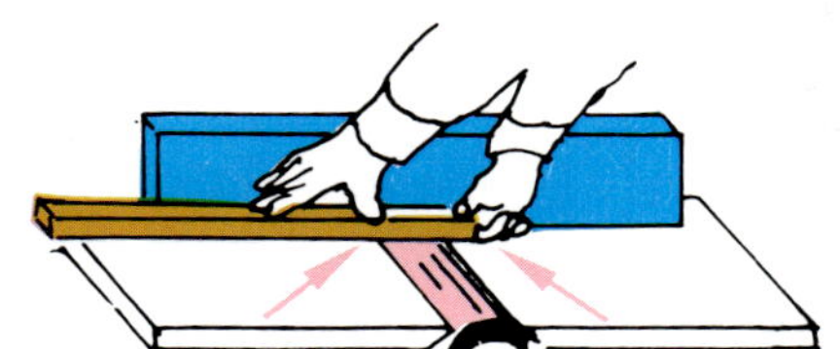

LES METHODES

Armés de quelques rudiments de connaissances des matériaux, d'outils et de matières premières, nous pouvons aborder la construction des ouvrages.

La réalisation d'un ouvrage commence par le choix et la préparation du bois. Nous avons abordé plus haut le choix, et parlé du débit et du corroyage.

PREPARER LE BOIS

DEBITER

Lorsque l'on débite des matériaux, il faut bien sûr essayer de tirer le meilleur parti de la surface disponible.

Pour les panneaux, on cherche la disposition qui entraîne le moins de chutes.

Pour le bois massif, si on prend du bois brut, il faut prévoir 5 mm environ en plus pour l'épaisseur afin de pouvoir corroyer (dégauchir et raboter). De même, il faut prévoir une surcote en largeur (5 à 7 mm). En longueur, on prévoit une marge plus importante, 20 à 50 mm.

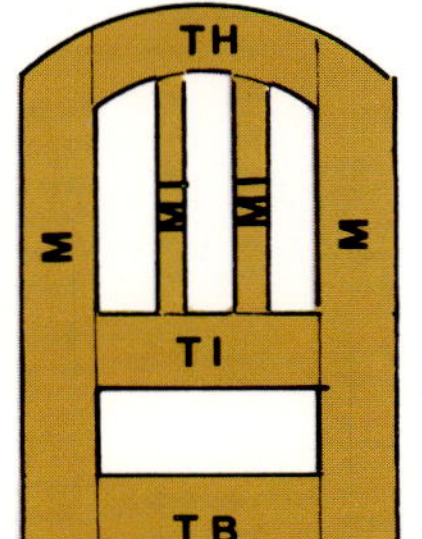

Exemple de débit optimal.

M	Montant gauche et droit
TH	Traverse Haute
TI	Traverse Intermédiaire
TB	Traverse Basse
MI	Montant Intermédiaire.

Bien sûr, dans la réalité, les choses ne sont pas aussi simples, les défauts ne sont pas toujours placés où cela nous arrange.

CORROYER

Dégauchir et raboter à la main demande beaucoup de dextérité et est bien difficile. Il faut dans ce cas acheter du bois corroyé.

Pour le possesseur de machines, ce problème n'existe pas. Il dégauchit d'abord un plat et un chant, puis il rabote les autres faces.

Pour la suite du livre, sauf avis contraire, je parle de bois corroyé.

TRACER

Le traçage doit être précédé d'un repérage des pièces, que l'on appelle l'établissement du bois.

LES SIGNES CONVENTIONNELS D'ETABLISSEMENT

La base de ces signes est un triangle. Dans certaines régions, ce triangle est utilisé tel quel.

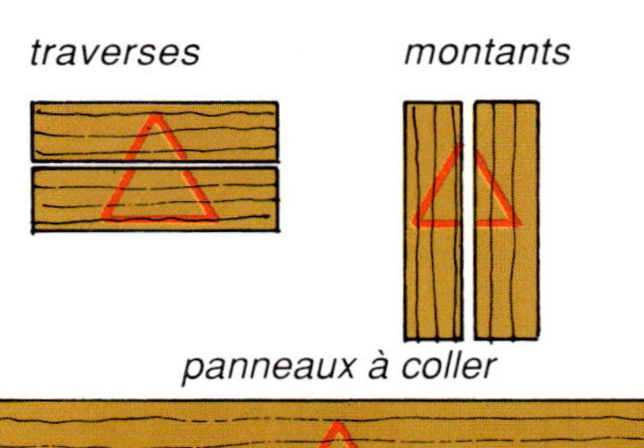

panneaux à coller

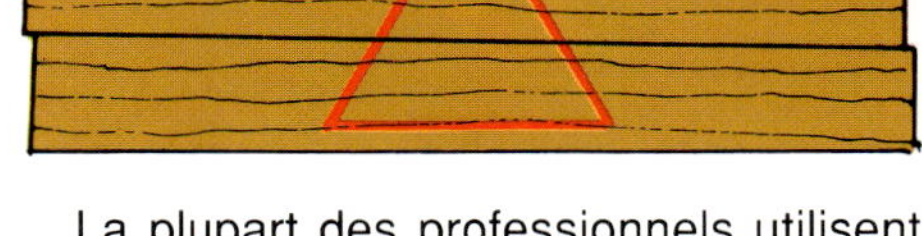

La plupart des professionnels utilisent des signes plus évolués.

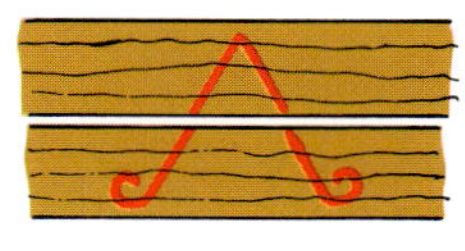

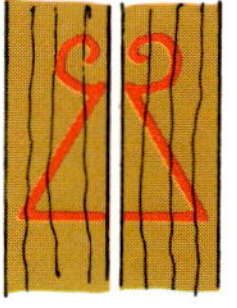

- Etablissement d'un panneau en vue d'un collage

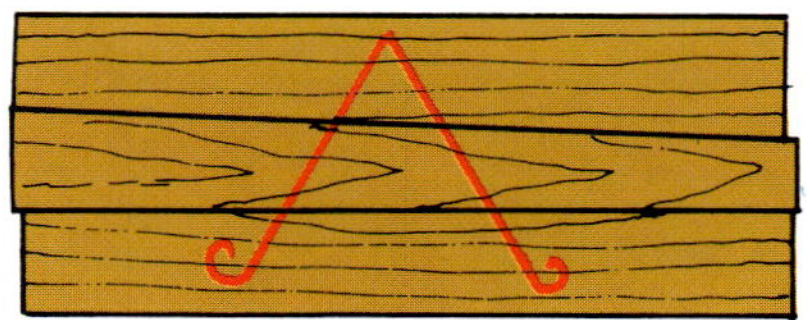

- Etablissement d'une caisse, d'un tiroir

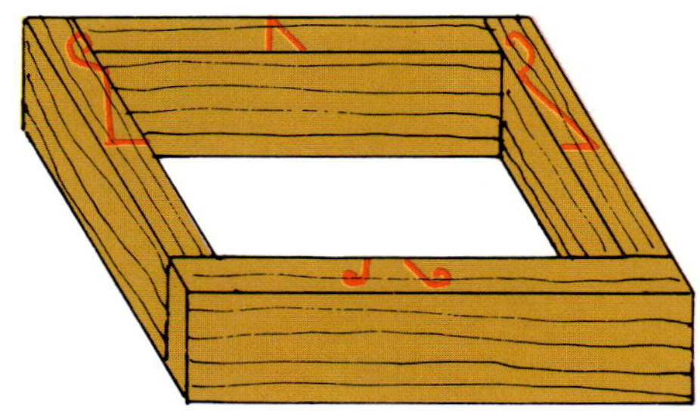

- Etablissement d'une porte avec panneaux, montants et traverses intermédiaires

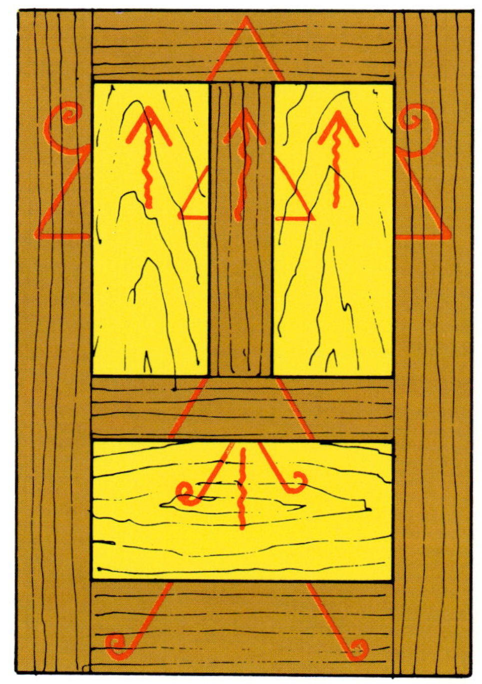

NOTE

S'il y a plusieurs portes (ou autres ouvrages), les panneaux sont numérotés.

S'il y a deux battants, on donne le même numéro, mais ils sont repérés G et D.

REMARQUE

Avant de placer les signes, il faut examiner et orienter les parties de l'ouvrage de manière à les mettre en valeur.

- Défauts

En tenant compte des usinages et de la destination de l'ouvrage, on peut éliminer ou dissimuler des défauts, mettre en évidence des particularités du bois.

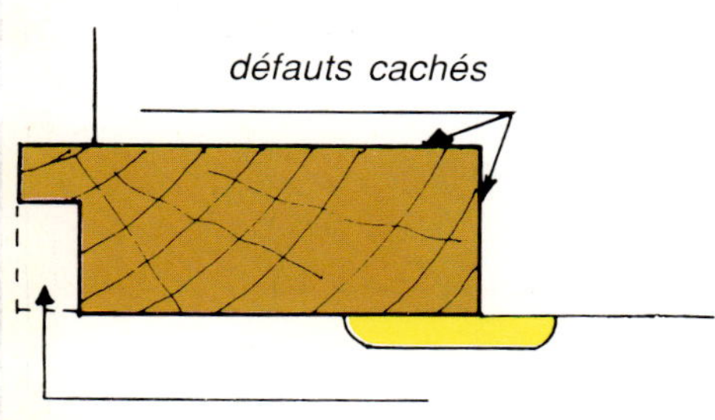

défauts, aubier éliminés

recherche de symétrie dans l'aspect

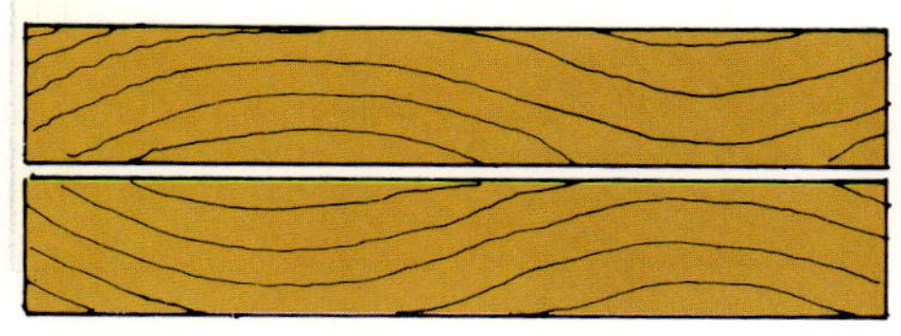

- Déformations du bois

On a vu que le bois se déforme en séchant. L'orientation des pièces permet de contrer ces déformations.

CHARPENTES, constructions réalisées avec du bois fraîchement scié (ex. : plancher)

Charge = côté cœur

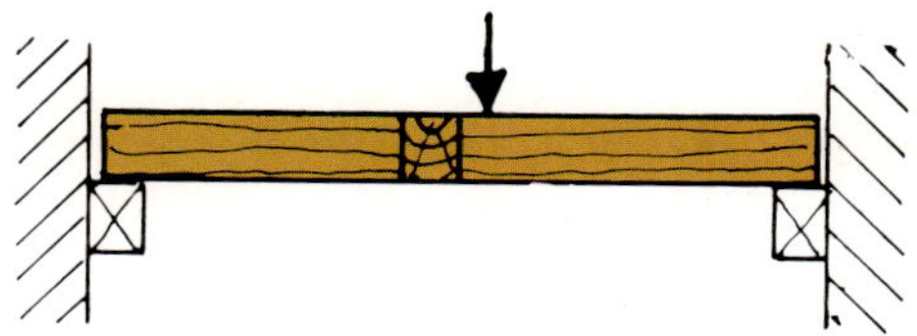

PARTIES MOBILES : orientation des pièces de manière à bloquer d'éventuelles déformations.

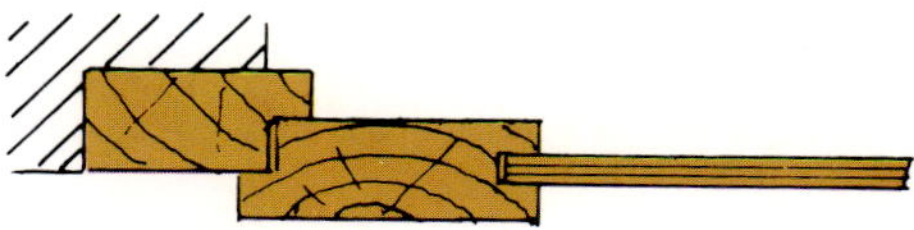

REMARQUE : avec des pièces de débit radial, les risques de déformations sont réduits.

TRACER LES LONGUEURS

Le traçage des longueurs se fait avec l'équerre à chapeau et la pointe à tracer, à défaut, au crayon dur, 2 à 4 H.

TRACER LES EPAISSEURS

Pour les traits parallèles au bord des pièces, épaisseur de tenon, etc., on utilise le trusquin.

Le réglage fin du trusquin se fait en tapant l'une ou l'autre extrémité du coulisseau sur l'établi.

Contrôle de la mesure avec le réglet.

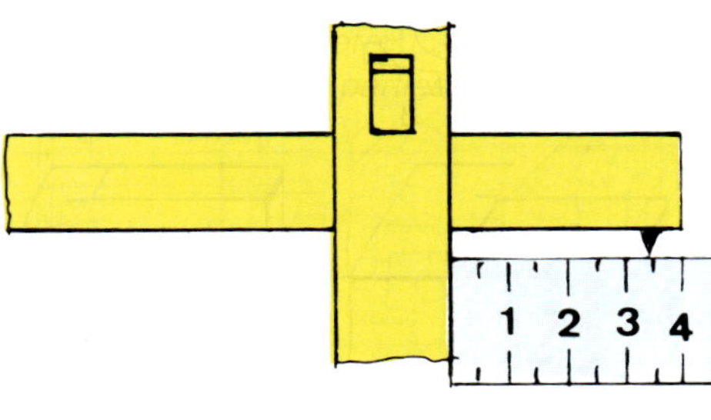

REMARQUE

Pour éviter les erreurs, il faut marquer ou ombrer les parties à éliminer.

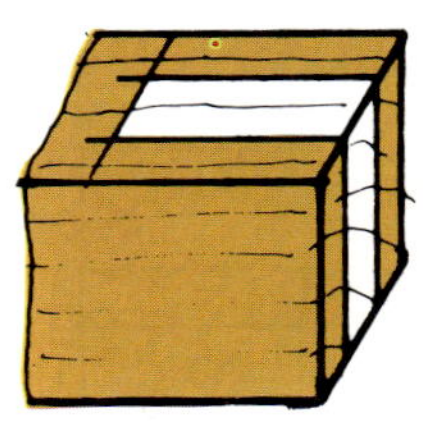

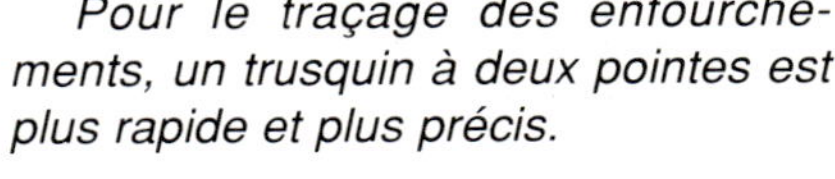

Pour le traçage des enfourchements, un trusquin à deux pointes est plus rapide et plus précis.

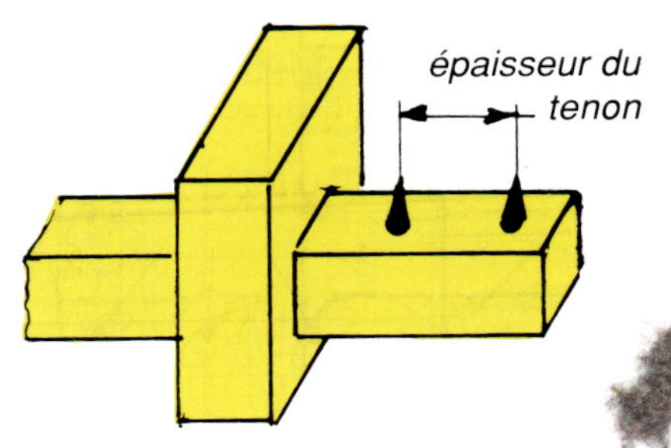

La pointe à tracer et le trusquin marquent le bois d'un sillon qu'il est facile de longer avec la scie.

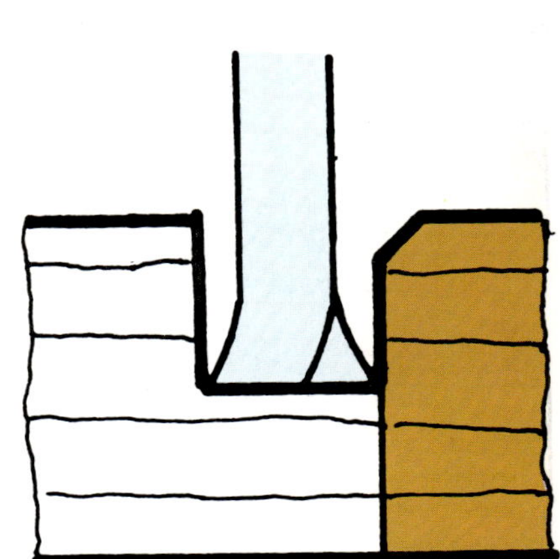

LES PROFILS

Avant de développer la construction des ouvrages, découvrons divers usinages que nous allons rencontrer et qui, dans certains cas, nous obligent à modifier le traçage.

- Feuillures

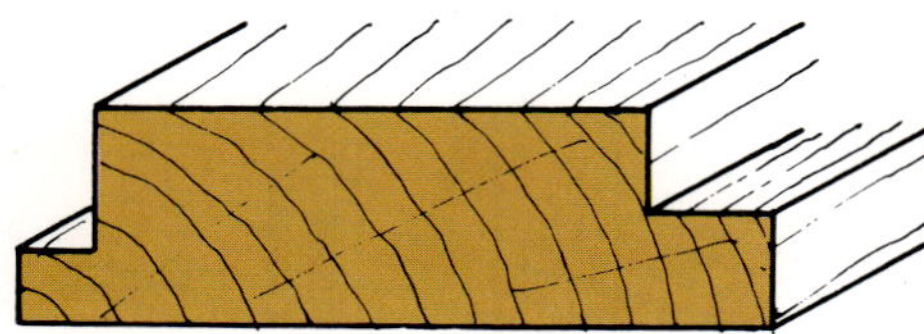

- Rainures

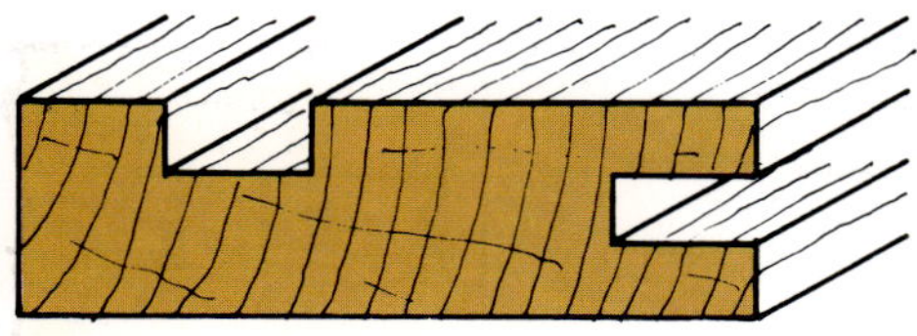

- Moulures

Quart de rond, quart de rond avec carré.

Congé, chanfrein.

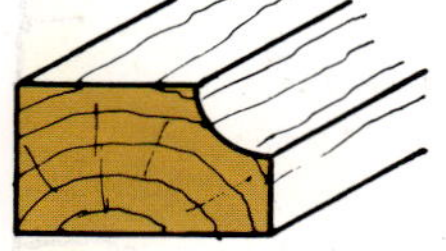

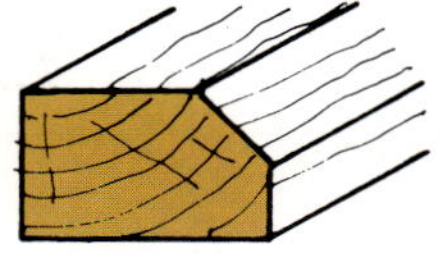

NOTE

Tous ces profils, faciles à réaliser à la toupie, peuvent être usinés à la main avec des rabots spéciaux (bouvets) ou à la défonceuse portative.

Doucine, contre-profil correspondant.

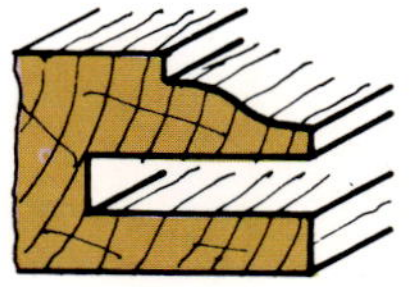

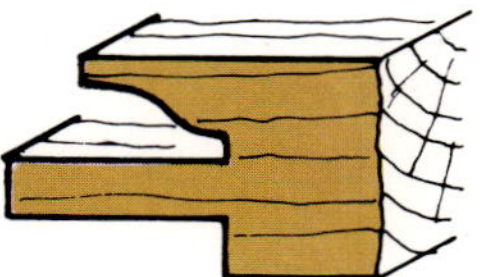

Moulure à petit cadre, non contre-profilable.

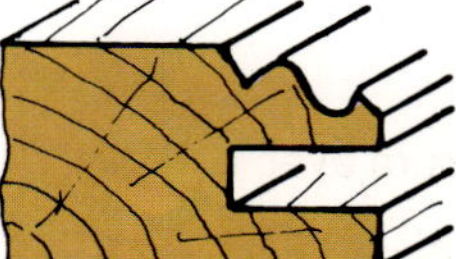

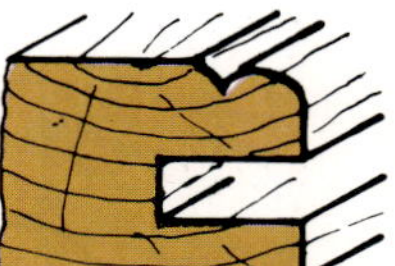

Moulure à grand cadre (la moulure est en relief).

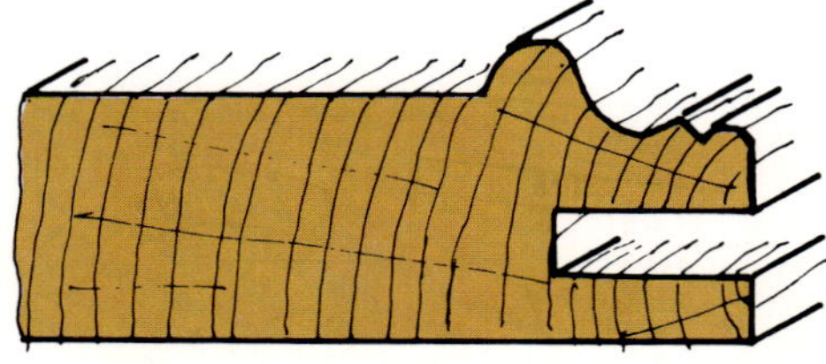

ATTENTION

Pour réaliser ces deux derniers profils, il faut présenter les pièces debout, le toupillage étant irréalisable à plat.

LES LIAISONS (ASSEMBLAGES)

Dans les différentes constructions que nous allons voir, le choix des assemblages dépend de nombreux facteurs.

CRITERES DE CHOIX D'UN ASSEMBLAGE

- Mise en position guidée ou non.

- Maintien en position définitif ou temporaire : ouvrage démontable pour le transport et l'entretien.

- Résistance aux efforts mécaniques et aux agents atmosphériques : assemblage conçu, le cas échéant, de manière à ne pas se détériorer aux intempéries.

- Esthétique : les assemblages peuvent faire partie de la décoration du meuble ou être dissimulés.

- Economie : temps et matériel nécessaires pour réaliser les assemblages d'un ouvrage.

LA CONSTRUCTION DES OUVRAGES

LES PANNEAUX

La réalisation de grandes largeurs en bois massif nécessite la juxtaposition et l'assemblage de plusieurs pièces. On utilise à cet effet des assemblages appelés liaisons d'élargissement.

Suivant leur destination, ils sont collés (panneaux, volets pleins, plateau de table, etc.), ou non collés (lambrissage planches, habillages).

LES LIAISONS D'ELARGISSEMENT

❑ A PLAT JOINT

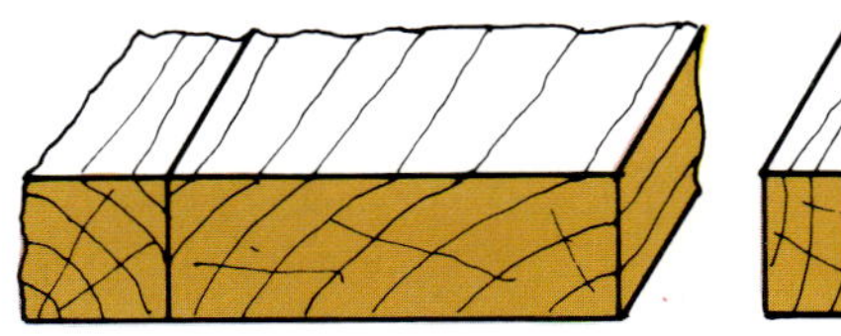

Assemblage difficile à mettre en place lors du collage.

❑ A TOURILLON

Pour réaliser cet assemblage, différentes méthodes sont possibles :

- Par traçage :
  . tracer

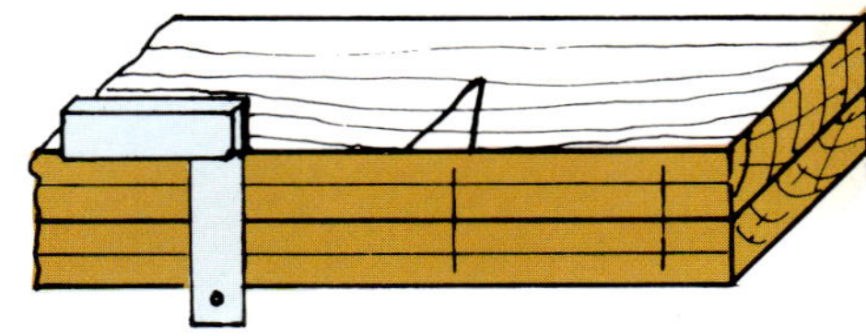

  . percer

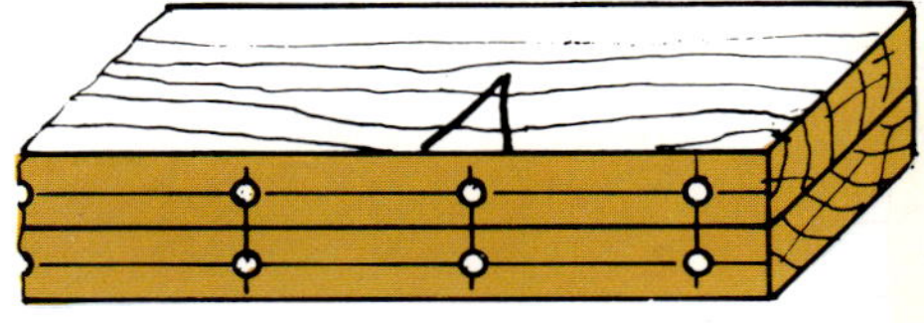

. mettre les tourillons en place et assembler.

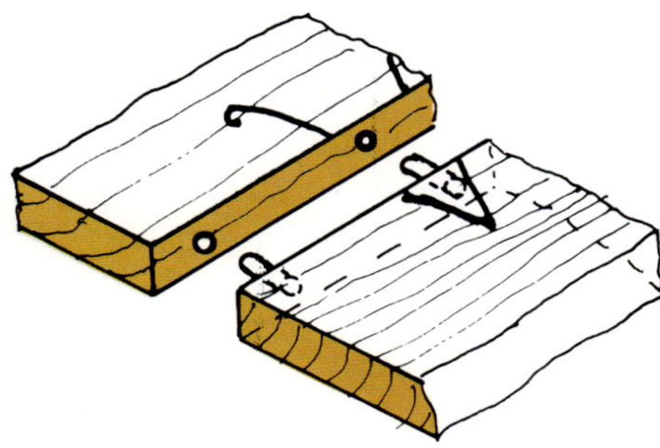

ATTENTION

Le trait d'axe longitudinal est tracé au trusquin toujours appuyé sur la face de référence.

- Par perçages successifs :

Utiliser un gabarit de perçage très précis : réaliser une première série de perçages.

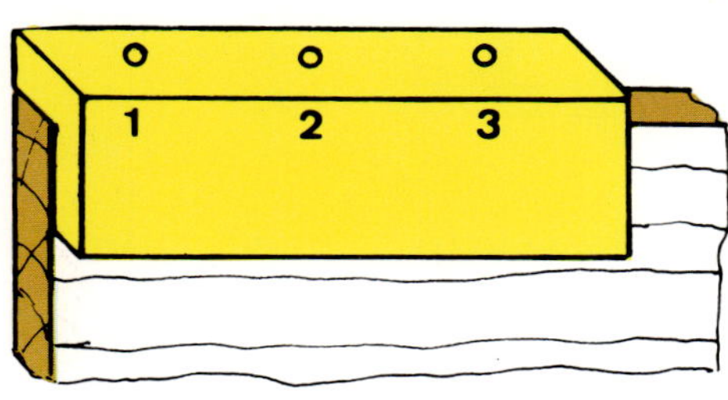

Déplacer le gabarit en utilisant le perçage comme repère.

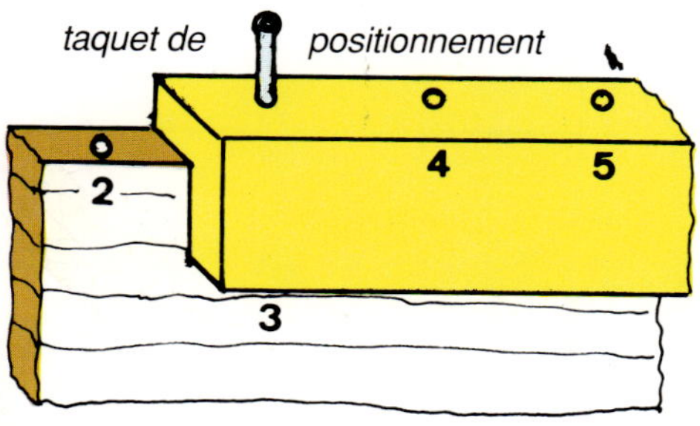

NOTE

Un tel gabarit de perçage peut être plus ou moins long, et avoir beaucoup de perçages.

ATTENTION

Le gabarit doit être toujours appuyé sur la face de référence.

REMARQUES

L'entraxe des tourillons dépend de la longueur et de la destination des pièces. Il peut varier de 15 à 40 cm.

La dimension du tourillon est en rapport avec l'épaisseur du bois.

Le diamètre varie de 1/3 à 1/2 de l'épaisseur du bois (planche de 22 mm ; tourillon de 8 ou 10 mm). La longueur est égale à 4 ou 5 fois l'épaisseur.

L'assemblage à tourillons est la liaison d'élargissement guidée et renforcée la plus facile à réaliser sans machine.

❑ A RAINURE ET LANGUETTE

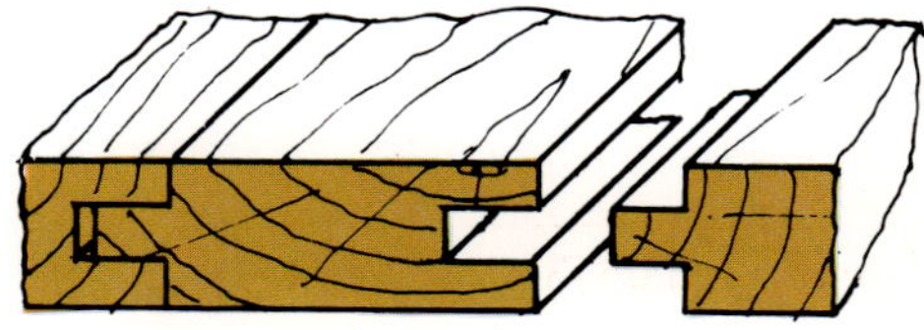

❑ A RAINURE ET FAUSSE LANGUETTE

OBSERVATION

Cet assemblage est utilisé si on ne possède pas d'outil pour réaliser la languette ou pour les matériaux où elle est difficile à usiner, tels les panneaux de particules.

❑ EN V TRONQUE

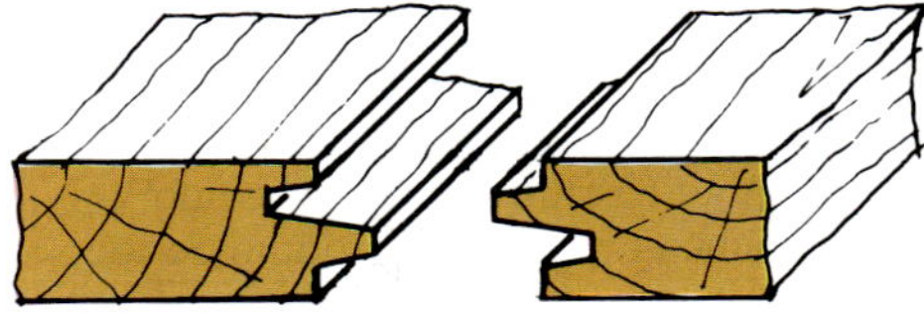

❑ EN DENTS DE SCIE

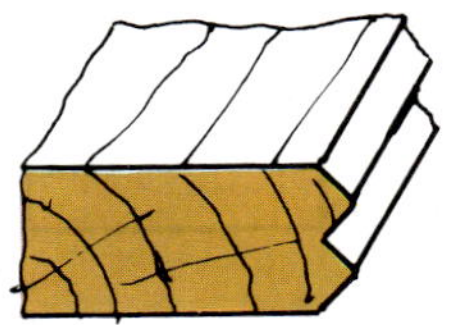

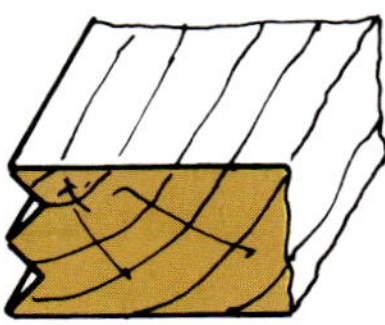

OBSERVATION

Ces deux types d'assemblages, utilisés pour les liaisons collées, sont très résistants.

LES MENUISERIES BARREES

Lorsqu'un panneau de bois est utilisé pour réaliser un volet, une porte, ou toute autre menuiserie, il faut le renforcer avec des traverses appelées barres pour limiter les risques de cassure et de déformation.

A cause de la rétractabilité du bois (p. 27 à 30), ces barres ne peuvent pas être tout simplement fixées. Elles sont montées de manière à laisser travailler le bois en largeur, tout en le maintenant en épaisseur. Les planches sont orientées de préférence côté cœur opposé à la barre. Les barres ne peuvent être collées que ponctuellement.

❑ BARRES CLOUEES OU VISSEES

Utilisées surtout pour des ouvrages de moindre valeur.

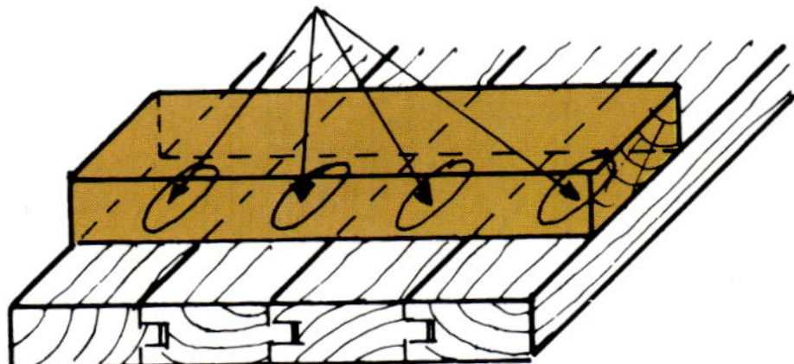

Collage possible si les planches ne sont pas collées entre elles et si le bois ne risque pas de gonfler.

ATTENTION

S'il s'agit d'ouvrages mobiles, il faut empêcher le glissement et l'affaissement des éléments avec des barres écharpes, orientées correctement.

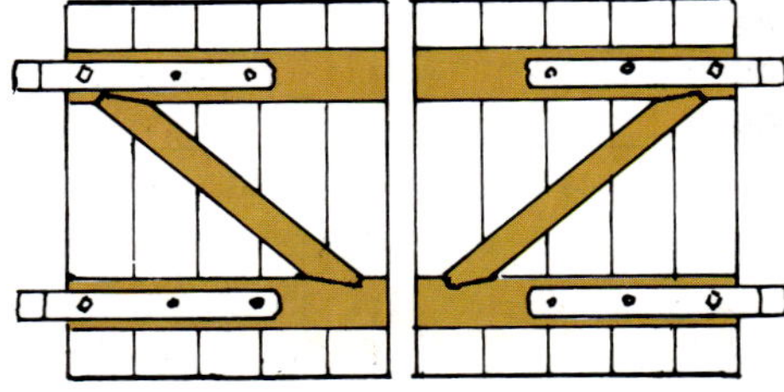

❑ BARRES EN QUEUES D'ARONDE

Deux formes sont courantes qui tiennent le panneau tout en le laissant travailler.

Ces barres sont faites légèrement côniques (environ 5 mm) pour permettre une mise en place facile et un bon serrage.

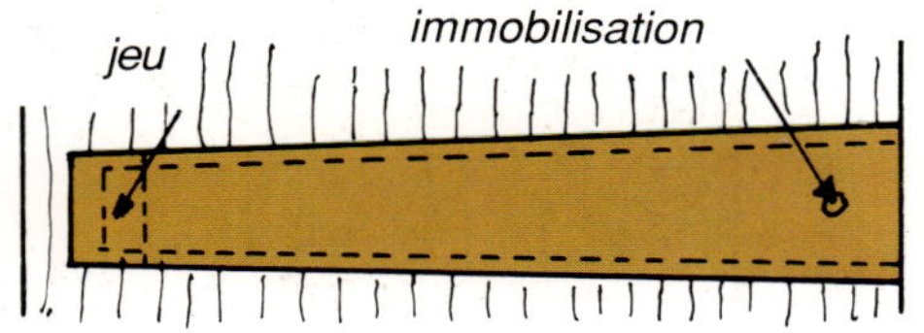

La barre est immobilisée à son extrémité la plus large avec vis ou boulon (ferrage). Si l'entaille ne débouche pas, il faut ménager du jeu pour permettre le retrait.

- Fabrication de la barre

Il est conseillé de prévoir des barres plus longues que nécessaire, cela permettra éventuellement de rattraper des imprécisions de l'entaille. La forme n°1 peut être obtenue à la main avec un bouvet (rabot spécial), mais beaucoup plus facilement avec une défonceuse portative, avec une fraise en queue d'aronde. La défonceuse peut être utilisée normalement avec son guide,

ou renversée et fixée comme une toupie.

Bien sûr, si on possède une toupie, c'est elle qui sera retenue.

Le profil 2 est plus facile à réaliser puisqu'un simple rabot ou une dégauchisseuse permettent de l'obtenir.

Lorsque la barre est prête, on peut passer à l'exécution de l'entaille.

- Entailles à queues d'aronde

. EXECUTION MANUELLE

1) TRACER

a) poser la barre et tracer la largeur

b) reporter les queues d'aronde

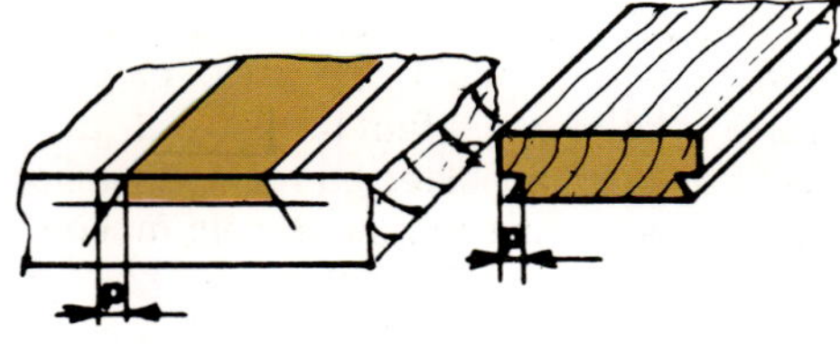

2) SCIER

En appuyant la lame de scie à dos sur une cale avec l'angle voulu (environ 60°).

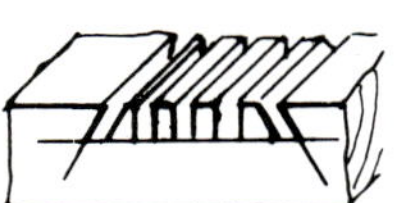

NOTE

Pour dégager plus facilement l'entaille, on pratique plusieurs sciages intermédiaires.

3) CREUSER

Dégager l'entaille avec un ciseau à bois en deux ou trois fois.

Le biseau du ciseau à bois glisse sur le fond de l'entaille, évitant au ciseau à bois de plonger.

Le fond est égalisé avec un guillaume (difficile) ou avec un tarabiscot (outil spécial à plongée limitée).

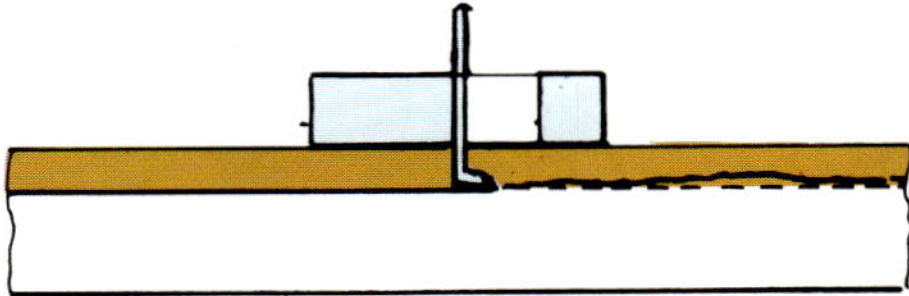

Si le ciseau à bois est tenu à l'envers, on dépassera immanquablement la profondeur voulue.

A gauche, résultat obtenu par un ciseau à bois mal tenu, à droite par un ciseau bien tenu.

ATTENTION

Si l'entaille ne débouche pas, il faut avant de scier, creuser et dégager l'extrémité de l'entaille au ciseau à bois.

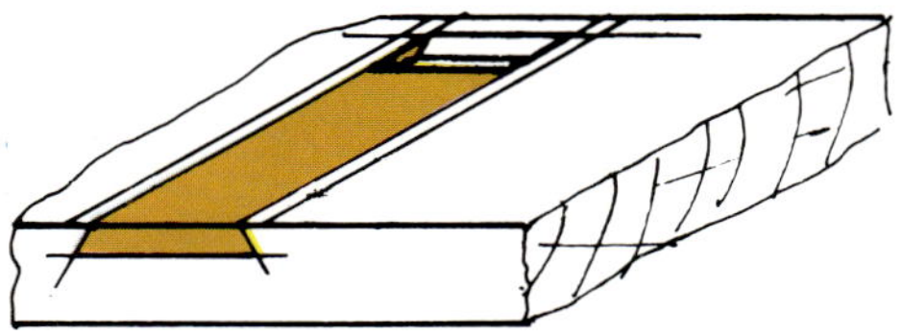

Lorsque l'entaille est terminée, il ne reste plus qu'à glisser la barre en place et à la serrer.

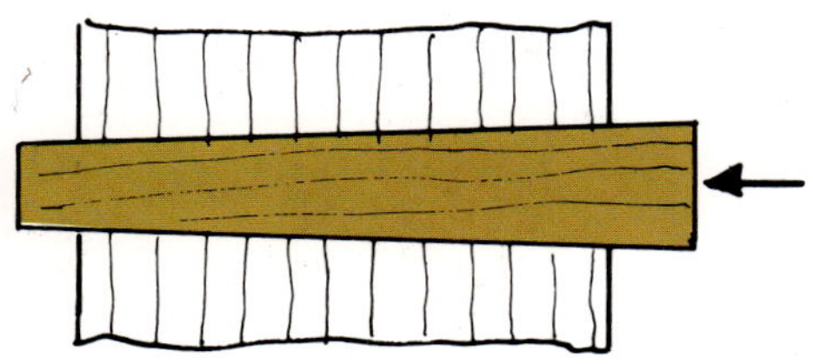

. EXECUTION AVEC UNE SCIE CIRCULAIRE PORTATIVE

TRACER : la face est tracée comme précédemment, mais il n'est pas nécessaire de tracer les chants (sauf un ou deux pour contrôle).

SCIER : il faut d'abord régler l'inclinaison de la lame puis la profondeur de la coupe.

ATTENTION

Avant d'attaquer le panneau, il est prudent de fixer une butée sur une pièce d'essai et de contrôler. On profitera de cette opération pour mesurer la distance butée - bord du sciage (X).

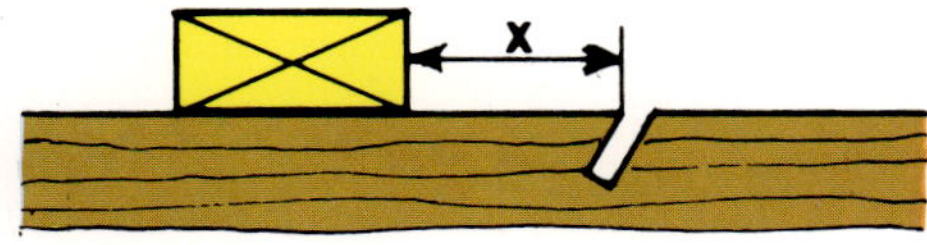

Il faut connaître cette mesure pour placer le guide sur la pièce à usiner.

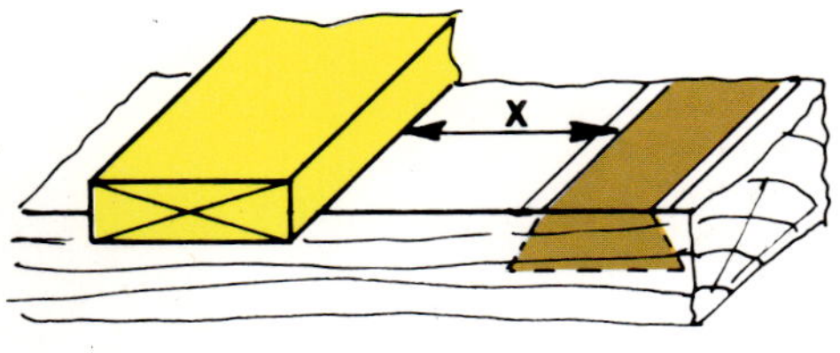

REMARQUE

Il est plus précis et plus rapide de travailler avec un gabarit de positionnement.

Lorsque le premier sciage est réalisé, le guide et la machine sont pivotés de 180° pour réaliser le deuxième bord d'entaille.

DEGAGEMENT DE L'ENTAILLE

On peut réaliser une série de sciages qui se frôlent ou espacés de 5 à 10 mm (le reste est enlevé facilement au ciseau).

Le fond de l'entaille est égalisé comme à la main.

NOTE

On peut obtenir un fond d'entaille presque propre en remettant la scie circulaire à 90°.

ATTENTION

Le changement de l'angle change tous les autres réglages.

. EXECUTION A LA DEFONCEUSE

Le réglage de la machine étant fait, le positionnement de la butée est obtenu comme pour la scie circulaire (distance outil - bord de machine relevée sur pièce d'essai).

ATTENTION

A cause du sens de rotation de la machine, le guide doit être placé à gauche de la machine si on travaille en avançant (à droite si on travaille vers soi).

REMARQUE

Il n'est pas sûr que l'entaille à la défonceuse soit plus rapide, vu la largeur de la barre. Par contre, elle est plus précise et le fond est plus propre.

. BARRES CACHEES APPELEES CLEFS

Ce renfort permet de réaliser des portes de meubles massives, sans cadre, avec une bonne esthétique.

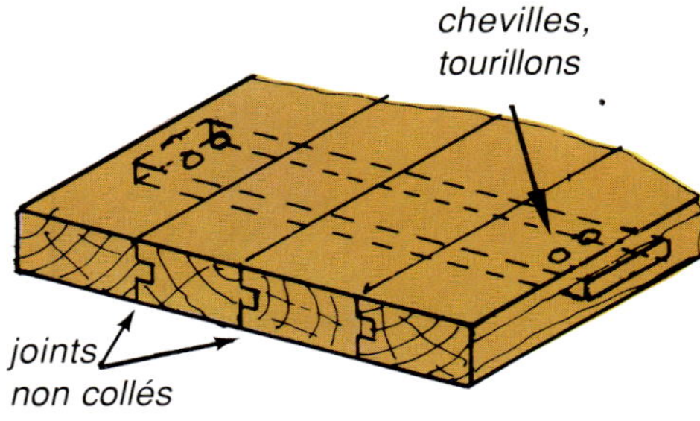

REMARQUE

La barre est dissimulée dans une succession de mortaises alignées avec soin.

(exécution des mortaises : voir p. 74-75).

. EMBOITURES

Joints collés.

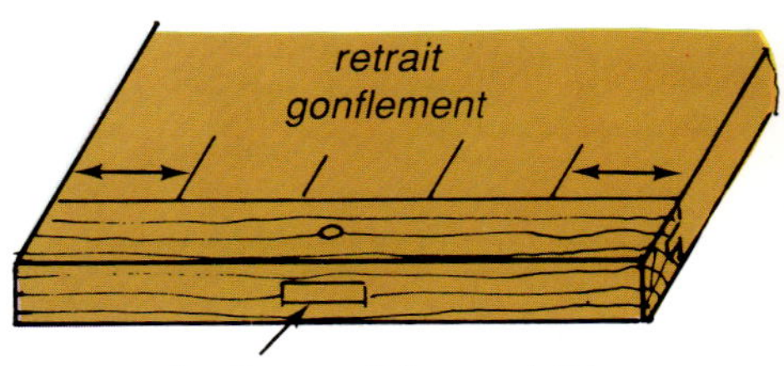

Joints non collés.

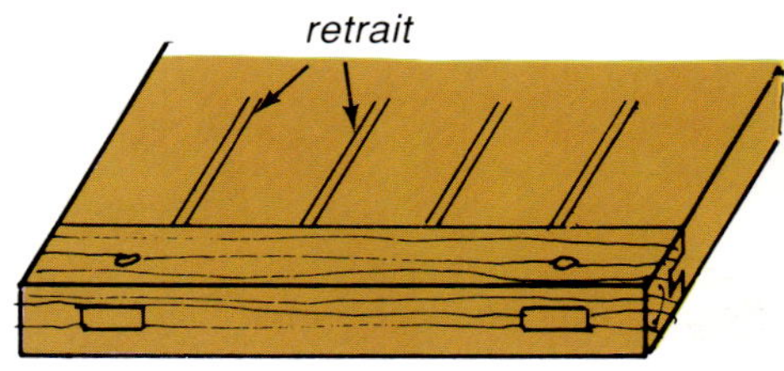

REMARQUE

L'exécution des emboîtures nécessite l'usinage d'une rainure dans la traverse et de feuillures (ou languettes) en bois de bout (voir p. 63 et 64).

LES BOITES ET LES CAISSES

Qu'il s'agisse de fabriquer une boîte à bijoux ou une caisse pour élément de cuisine, nous utiliserons des assemblages en bois de travers également appelés liaisons de rencontre à chant. De nombreuses solutions s'offrent à nous. Pour une qualité acceptable, ces assemblages demandent des coupes précises.

❑ REALISER UNE COUPE PRECISE

Pour obtenir cette précision, deux règles :

1)Tracer précis (voir p. 53, 54),

2) Scier au demi-trait (voir p. 73).

Facile avec une scie circulaire fixe,

avec les machines portatives, scie sauteuse ou circulaire en utilisant un guide (voir ces machines).

- REALISATION MANUELLE

Les pièces sont tronçonnées à la scie à dos en prenant grand soin de ne pas dépasser le trait.

Placé dans une boîte de corroyage, le bout est facilement dressé au rabot réglé très fin.

NOTE

En plaçant la butée de ce montage à des angles différents, on peut rectifier d'autres coupes notamment les coupes d'onglets (cadre assemblé à 45°).

LES LIAISONS DE RENCONTRE A CHANT

- Assemblage simple, droit et d'onglet

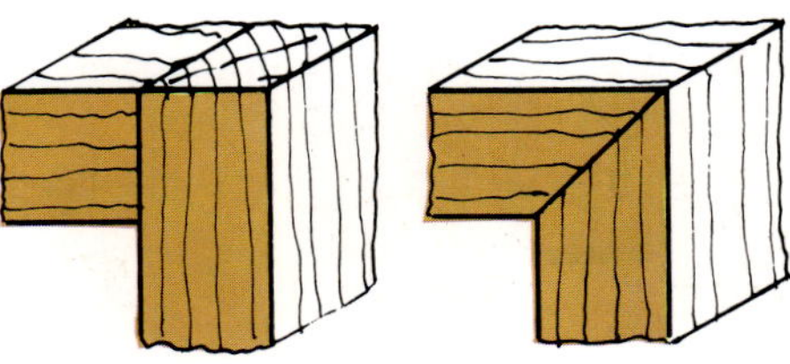

REMARQUE

Collé ou non, cet assemblage, ainsi que le suivant doit être renforcé pour la solidarisation (lier les pièces de façon rigide) (voir p. 80-81-82).

- Assemblage à feuillure, à rainure

❑ REALISATION D'UNE FEUILLURE EN BOIS DE BOUT

- A LA MAIN :

1) TRACER longueur et feuillure,

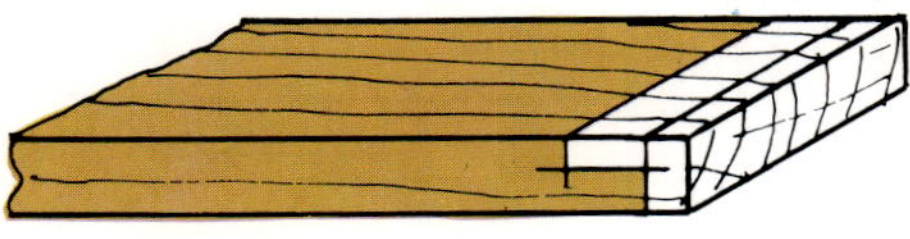

2) TRONCONNER (scie à dos),

3) TRACER profondeur au bout (trusquin),

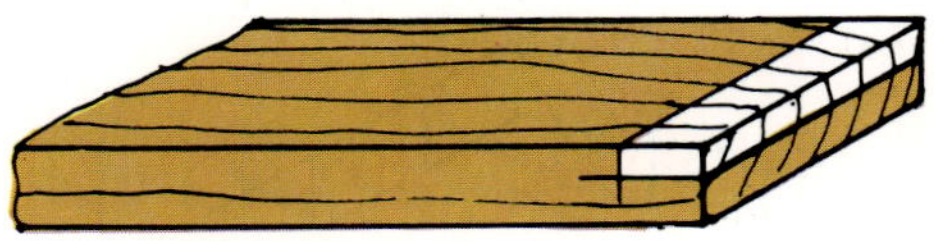

4) SCIER l'arasement.

Un guide rend le travail plus précis si on manque de dextérité.

5) DEGAGER la feuillure.

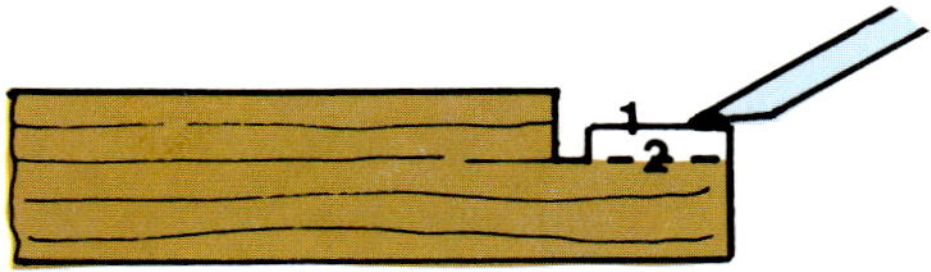

Le fait de ne pas aller à fond d'entaille directement évite, lorsque le bois est nerveux, de dépasser la profondeur prévue (changer de sens de travail).

Le fond est égalisé de la même manière qu'une entaille.

- A LA DEFONCEUSE :

Si l'about de la pièce est bien droit, la feuillure peut être usinée en appuyant le guide de la défonceuse sur lui. Cela évite le traçage de la feuillure. Dans le cas contraire, cet usinage est exécuté en se référant au trait de feuillure, comme une entaille.

- A LA SCIE CIRCULAIRE PORTATIVE :

L'usinage est réalisé de la même manière qu'une entaille.

- AVEC LES MACHINES FIXES :

. à la toupie : usiner comme une feuillure. Le poussoir utilisé servira également de martyre pour éviter les éclats.

. à la scie circulaire : régler la hauteur de sciage en fonction de l'usinage et travailler pour passer successivement à la scie à ruban.

. à la scie à ruban : possible sur pièce pas trop large. L'usinage est moins précis que les autres. Par contre, il ne nécessite aucun réglage (appréciable pour pièce unitaire).

- ASSEMBLAGE A RAINURE ET LANGUETTE BATARDE :

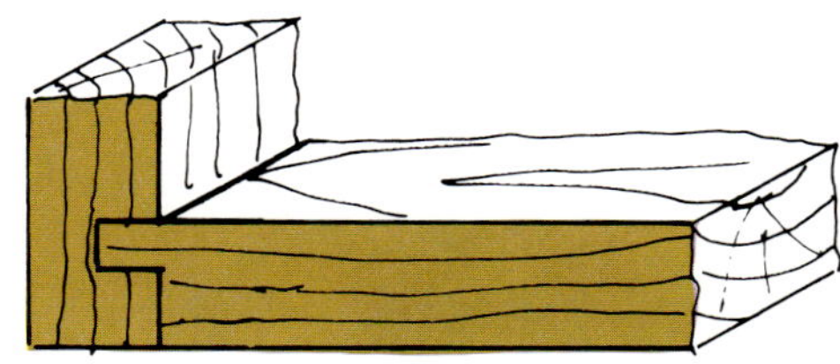

- ASSEMBLAGE A RAINURE ET LANGUETTE EN QUEUE D'ARONDE :

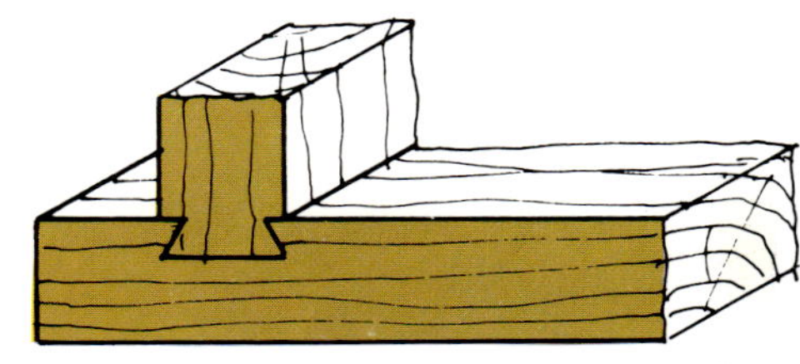

OBSERVATIONS

En partie, ces deux assemblages sont réalisés de la même manière que ceux vus plus haut :

- une languette bâtarde est une feuillure,

- la languette en queue d'aronde est réalisée comme celle des barres à épaulement. Cette languette est très fragile. Il faut des outils bien affûtés pour la réaliser.

❑ REALISATION D'UNE ENTAILLE

- A LA MAIN :

Lorsque le premier sciage est fait, on utilise la traverse comme contrôle de réglage de la deuxième.

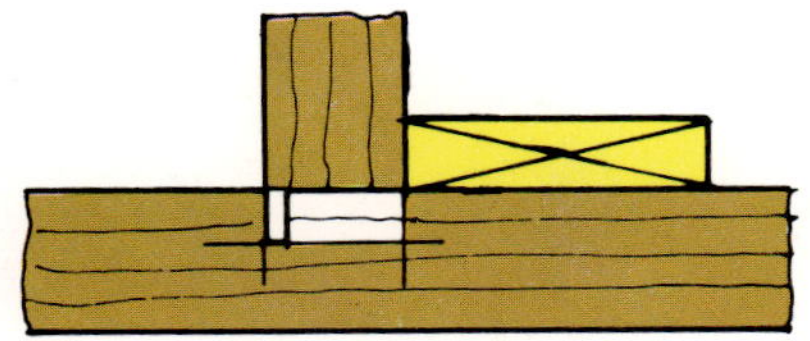

- A LA SCIE CIRCULAIRE PORTATIVE :

La traverse étant d'épaisseur régulière, l'usinage est réalisé à partir d'une seule butée. Après le premier sciage, on applique contre la butée une cale.

Largeur = épaisseur du bois moins largeur de la scie.

- A LA DEFONCEUSE :

Dans bien des cas, on peut réaliser l'usinage en une seule passe en largeur.

Toutefois, et c'est vrai pour tous les usinages à la défonceuse, il ne faut pas faire "peiner" la machine, quitte à prendre la profondeur en plusieurs fois. En équipant la machine d'une bague de guidage, on peut utiliser un montage d'usinage qui permet de réaliser, en un aller-retour, une entaille à la largeur voulue (p. 43).

Un montage plus large sur lequel prennent appui les bords de la machine permet d'obtenir un résultat similaire.

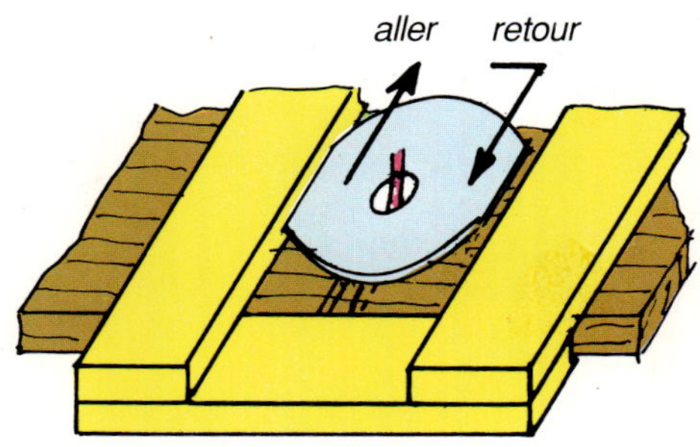

Si on utilise une butée unique, il faut rajouter contre elle une cale pour élargir l'usinage (la première passe se fait avec la cale, la deuxième sans).

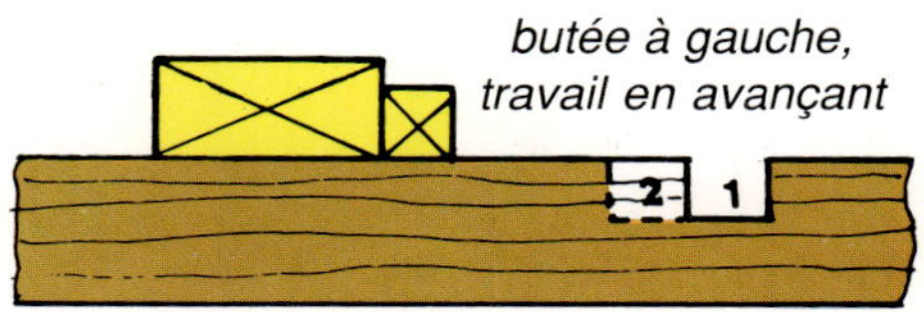

LES ASSEMBLAGES A QUEUES D'ARONDE

Grâce à leur excellente résistance à la traction, ce sont les assemblages typiques pour les tiroirs en bois massif. Il en existe différents types.

- ASSEMBLAGE A QUEUES D'ARONDE SIMPLES

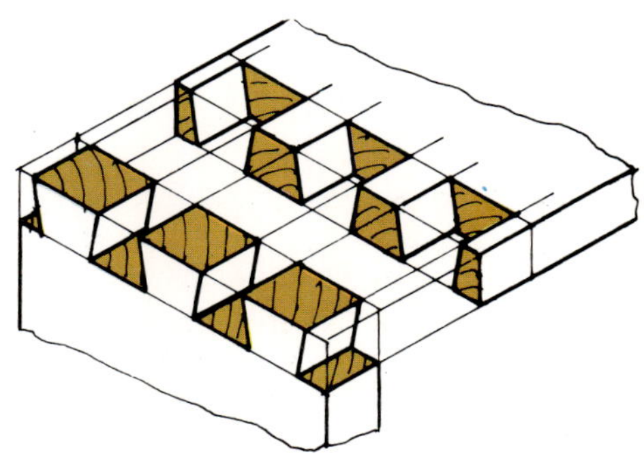

- ASSEMBLAGE A QUEUES D'ARONDE RECOUVERTES

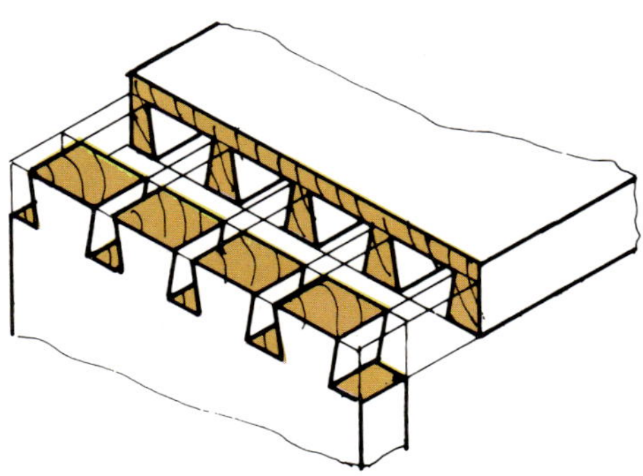

- ASSEMBLAGE A QUEUES D'ARONDE CACHEES

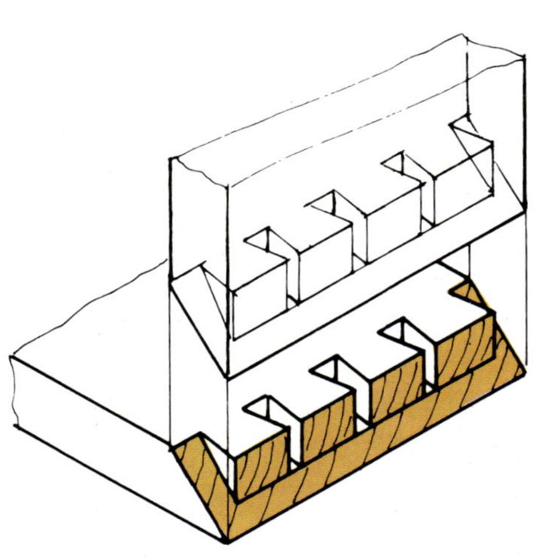

❑ TRACAGE DES QUEUES D'ARONDE

Il existe de nombreuses manières de répartir et de tracer les queues d'aronde et les tenons correspondants. Le professionnel fait une répartition à l'œil avant de faire son calcul et le tracé définitif.

❑ REGLE GENERALE PREMIERE METHODE

Il faut obtenir une répartition qui se rapproche des valeurs ci-dessous :

(E = épaisseur du bois).

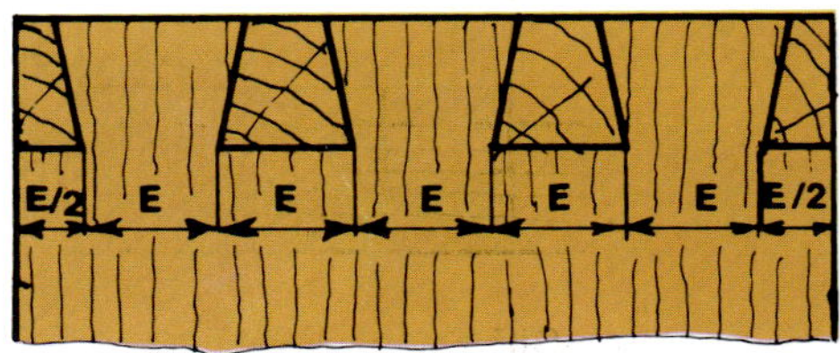

- DETERMINER LE NOMBRE DE DIVISIONS

a) Diviser la largeur du bois par son épaisseur.

Ex. :

Largeur du bois = 100 mm

Epaisseur du bois = 16 mm

100 : 16 = 6,66.

b) Arrondir au chiffre pair le plus proche pour avoir le nombre de divisions (6). 6 correspond à :

3 queues d'aronde

+ 2 tenons

+ 2 demi-tenons (= 1).

- PORTER LES DIVISIONS SUR LE BOIS

a) Méthode par calcul

Valeur d'une division =

$\frac{\text{largeur du bois}}{\text{nombre de divisions}} = \frac{100}{6} = 16{,}66$ mm.

Valeur d'une demi-division (demi-tenon) :

16,66 : 2 = 8,33 mm.

Les mesures trouvées peuvent être portées directement sur le bout de la pièce.

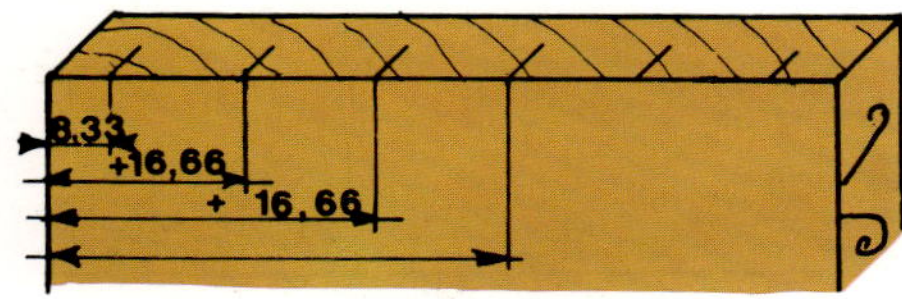

NOTE

La précision est meilleure si on additionne les mesures sans déplacer le réglet.

- TRACER LES PENTES

La pente pour une queue d'aronde est de 10 mm pour 50 mm. Un petit gabarit facilite le traçage.

Lorsque la répartition est faite, il faut tracer la pente des tenons et queues d'aronde (1).

Abaisser les traits d'équerre (2).

Ombrer les parties à enlever (mortaises) (3).

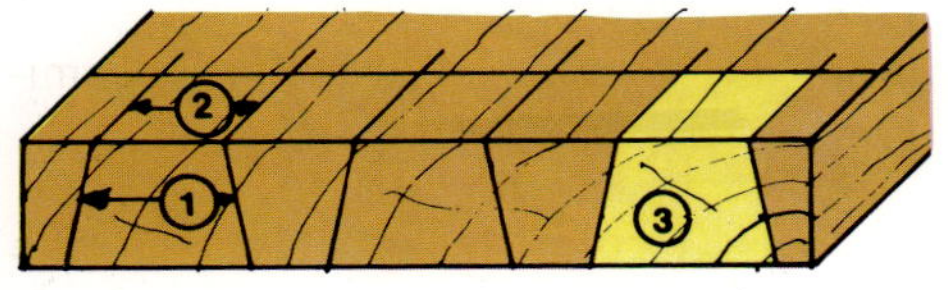

b) Méthode sans calcul et sans mesure

NOTE

Cette méthode est une application du théorème de THALES, sur les droites parallèles.

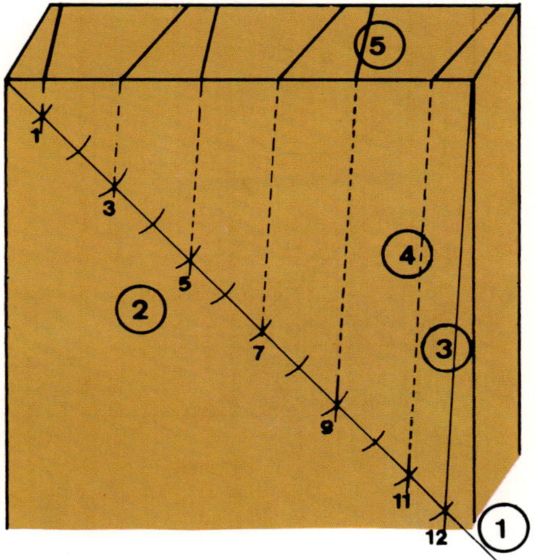

1 - Tracer un trait oblique d'angle indifférent (face intérieure de la pièce, partant du coin).

2 - Porter sur ce trait, douze divisions (à cause des demi-tenons, toutes les divisions sont coupées en deux, dans ce cas 6 x 2 = 12).

3 - Régler la fausse équerre de manière à ce que le point 12 arrive à l'angle opposé au point de départ.

4 - Avec le même réglage, reporter tous les points impairs (11, 9, ..., 3, 1).

5 - Les pentes, etc. sont tracées comme précédemment.

❑ EXECUTION DES QUEUES D'ARONDE SIMPLES

1) ERABLIR

2) TRACER au trusquin les épaisseurs de bois (le traçage doit être léger à cause du ponçage).

3) TRACER les tenons et mortaises et ombrer.

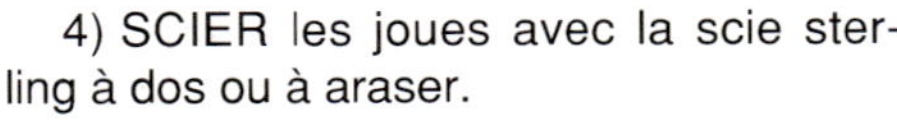

4) SCIER les joues avec la scie sterling à dos ou à araser.

5) Dégager les mortaises en deux fois.

6) TRACER les queues d'aronde et reporter les traits sur le bout (d'équerre).

7) SCIER.

8) DEGAGER les entailles comme précédemment.

9) ASSEMBLER avec précaution les deux parties, ajuster en cas de besoin avec le ciseau à bois bien affûté.

- ASSEMBLAGE A QUEUES DROITES

Cet assemblage est solide et offre une esthétique qui peut faire partie de la décoration de l'ouvrage qui le reçoit.

❑ REALISATION MANUELLE

- TRACER les épaisseurs de bois et les queues avec un trusquin (tous les traits de la même mesure tracés à la file).

- SCIER et dégager les entailles (comme pour les queues d'aronde, p. 68).

NOTE

Cet assemblage est facile à réaliser à la scie à ruban ou à la scie circulaire (pièce tenue verticalement avec poussoir). A la tenonneuse, il faut un jeu d'outils spéciaux.

- ASSEMBLAGES A TOURILLONS

❑ REALISATION

L'épaisseur et l'espacement des tourillons varient en fonction des dimensions du bois.

Pour tracer, différents moyens :

- METHODE RAPIDE, EMPIRIQUE

. 1) PLANTER des pointes dans une face.

. 2) PRESENTER les deux faces avec soin et assembler.

. 3) DEMONTER, enlever les pointes et percer dans le marquage obtenu.

REMARQUE

Il existe des goujons à pointe à mettre dans le premier perçage et qui remplacent les pointes.

- METHODE PAR TRACAGE

. TRACER les traits d'axe au trusquin.

. TRACER les emplacements avec une cale dure, bien d'équerre.

- METHODE AVEC GABARIT DE PERCAGE

Il existe dans le commerce de nombreux gabarits pour réaliser le tourillonnage. On peut aussi en confectionner un.

Le bois est positionné par rapport au bord du gabarit ou à un taquet placé dans un des perçages.

ATTENTION

Un tel gabarit doit répondre à des exigences :

- Il doit être précis et parfaitement symétrique.

- Appelé à servir souvent, il faut le doter de canons de perçage (tube en acier trempé) ou utiliser une mèche hélicoïdale qui n'attaque pas le gabarit.

RESUME

Pour l'amateur, l'assemblage à tourillon est celui qui offre le meilleur rapport solidité/facilité d'exécution.

LES CADRES

De nombreuses réalisations en menuiserie comportent des cadres, portes, fenêtres, châssis, etc. Pour les réaliser, nous utilisons des assemblages en bois de travers, appelés liaisons de rencontre à plat. L'assemblage est choisi en fonction de la destination de l'ouvrage (p. 56).

LES LIAISONS DE RENCONTRE A PLAT

❑ ASSEMBLAGE A ENFOURCHEMENT

NOTE

Cet assemblage offre une excellente résistance s'il est réalisé avec soin et collé.

Il est facile à réaliser tant à la main qu'avec les machines. C'est l'assemblage utilisé pour les fenêtres.

REALISATION D'UN ASSEMBLAGE A ENFOURCHEMENT

- EXECUTION MANUELLE

. ETABLIR,

. GROUPER les pièces par deux (ou plus si plusieurs cadres ont la même longueur),

. TRACER les longueurs,

. TRACER les épaisseurs,

. OMBRER les parties à enlever.

NOTE

Le tenon a une épaisseur allant de 1/3 à 2/5 de l'épaisseur du bois. Tous les traçages sont faits sur la face interne du cadre. Ils sont reportés sur les autres faces en cas de besoin (exécution manuelle).

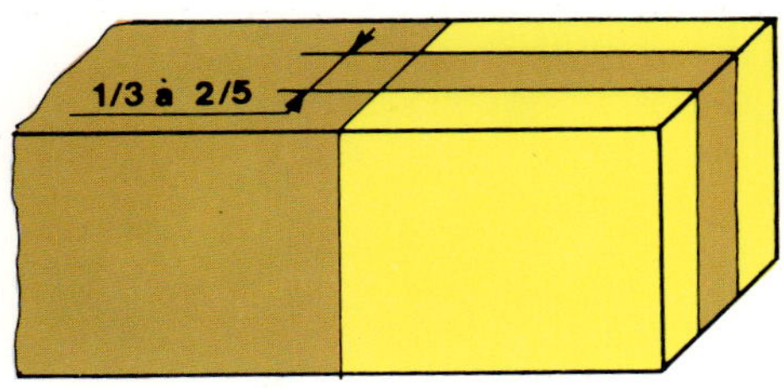

- EXECUTION DU TENON

. SCIER les joues, utiliser la scie à dos ou serre montée. Scier au "demi-trait"

. SCIER les arasements.

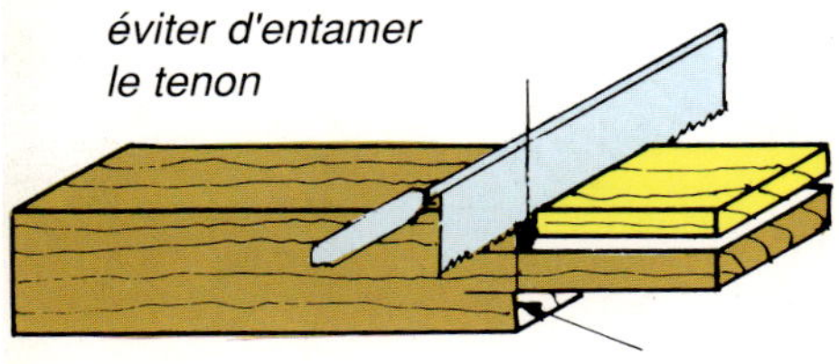

éviter d'entamer le tenon

faire une coupe légèrement creuse

- EXECUTION DE LA FOURCHE

. SCIER les joues,

. CREUSER au ciseau à bois ou au bédane pour dégager l'emplacement du tenon (en deux fois, par retournement).

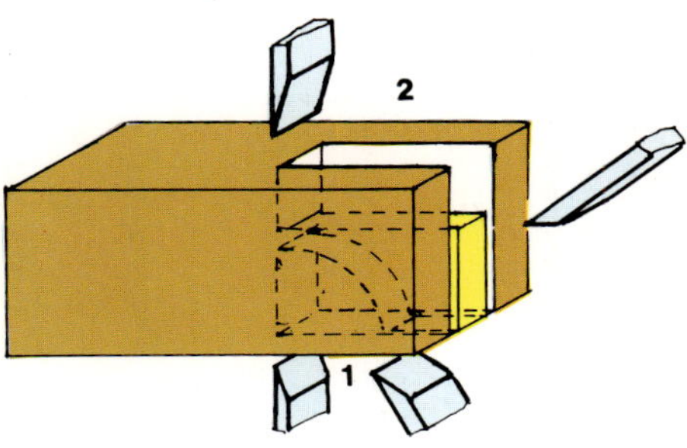

Un éventuel ajustage sera réalisé au ciseau à bois.

- EXECUTION A LA SCIE A RUBAN

. Le traçage est exécuté comme pour une réalisation manuelle (tracer uniquement la face intérieure).

. Le sciage des joues est réalisé avec une cale d'équerrage ou au guide (voir travail à la scie à ruban, p. 46).

. Pour les arasements, attention de ne pas entamer la face du tenon.

. Pour le dégagement de la fourche, on réalise deux coupes obliques, puis des sciages parallèles.

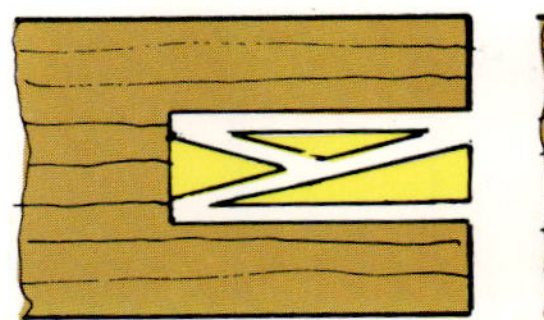

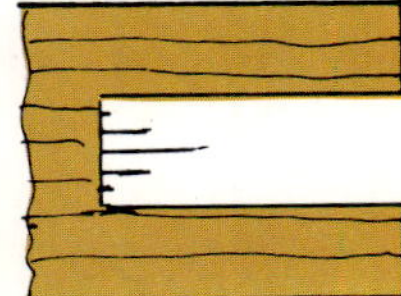

ATTENTION

Il faut s'écarter du traçage pour amorcer le sciage, cela permet de bien repérer l'épaisseur du trait de scie.

- EXECUTION A LA SCIE CIRCULAIRE

Il suffit d'établir les pièces (on peut tracer une pièce pour le contrôle). Pour le sciage des joues (voir p. 47), il faut d'abord tronçonner les pièces.

ATTENTION

Tenir compte des épaisseurs de lame lors du réglage de la machine.

❑ ASSEMBLAGE A TENON ET MORTAISE

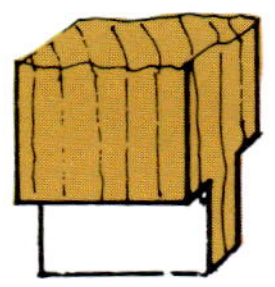

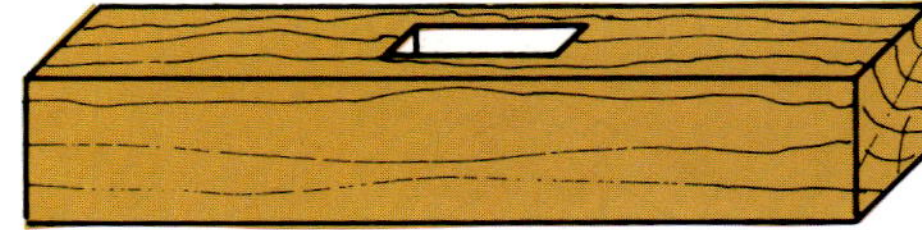

Cet assemblage est utilisé pour les portes et cadres de toutes sortes, pour les montants et traverses intermédiaires.

- REALISATION D'UNE MORTAISE

- MORTAISAGE MANUEL

Deux méthodes s'offrent à nous :

. Première méthode :

CREUSER DIRECTEMENT LA MORTAISE AVEC LE BEDANE

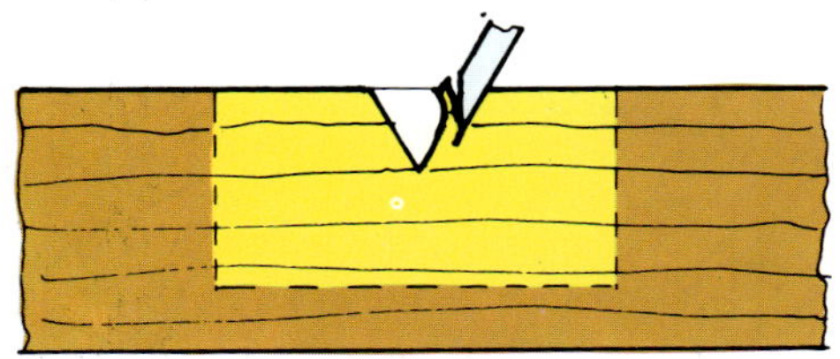

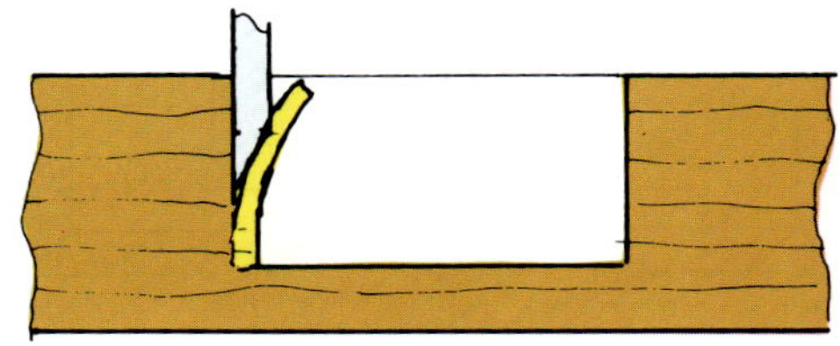

ATTENTION

Si on commence la mortaise à son extrémité, on aura immanquablement des angles arrondis.

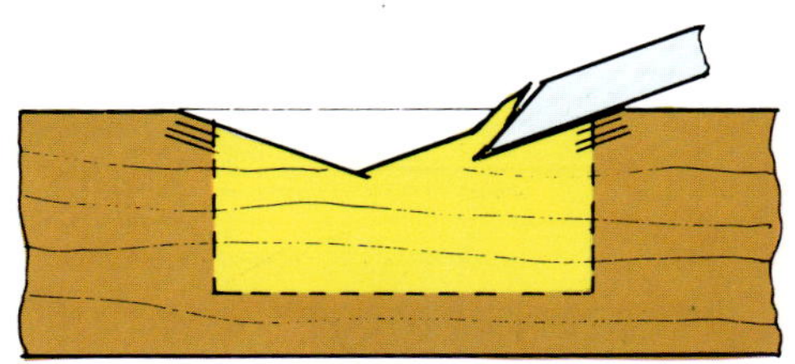

NOTE

Il faut utiliser un bédane (à la rigueur un ciseau à bois), à la largeur de la mortaise. Cet outil devra être très bien affûté.

. Deuxième méthode :

a) Réaliser une série de perçages (utiliser de préférence une mèche avec une pointe à centrer et tracer l'axe de la mortaise).

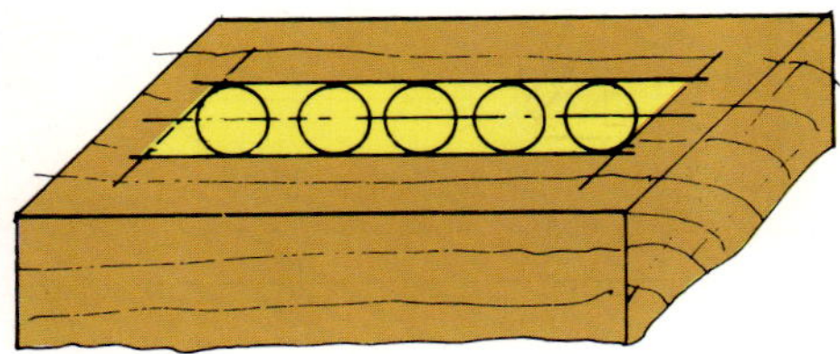

b) Dégager et équarrir la mortaise aux ciseaux à bois.

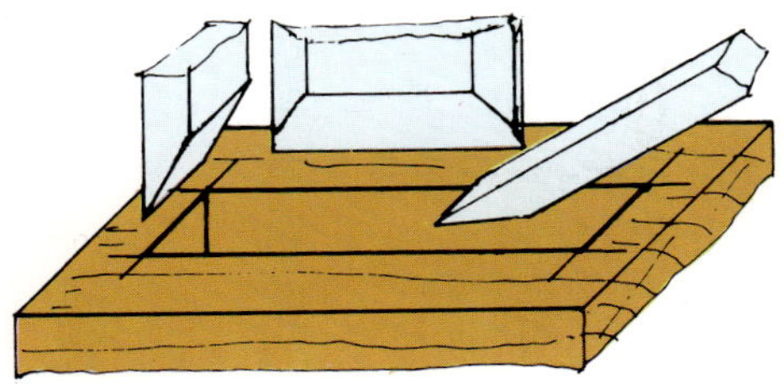

NOTE

L'équarrissage n'est pas indispensable, les mortaises réalisées à la machine ont également les bouts ronds. Il est plus rapide d'arrondir les tenons.

REMARQUE

Les assemblages à tenon et mortaise peuvent être solidarisés de différentes manière (p. 80).

❑ ASSEMBLAGE A TENON ET MORTAISE AVEC EPAULEMENT

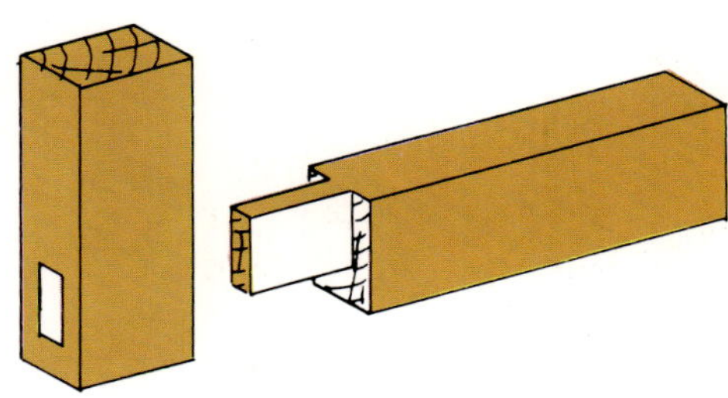

Cet épaulement est automatique lorsque l'assemblage est placé à un angle. La largeur de l'épaulement est égale au tiers du tenon.

❑ ASSEMBLAGE A TENON ET MORTAISE AVEC EPAULEMENT CENTRAL ET RENFORT D'EPAULEMENT

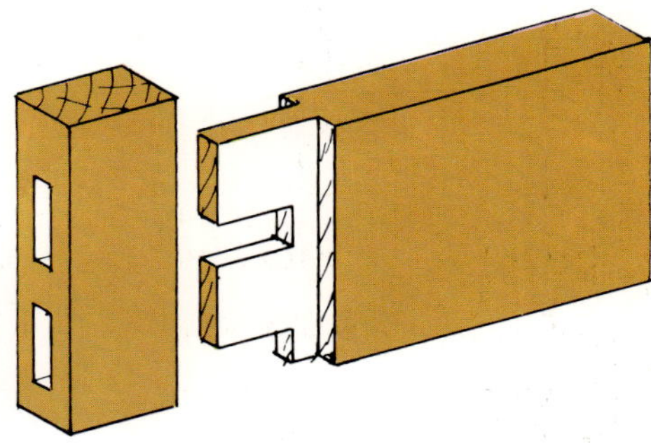

Assemblage utilisé pour les pièces très larges (traverses basses de portes, etc.).

NOTE

Le renfort d'épaulement est obligatoire chaque fois qu'il y a rainure passante. En plus, il évite à la partie extrême de la traverse de se déformer.

❑ ASSEMBLAGE A MORTAISE BORGNE, TENON BATARD

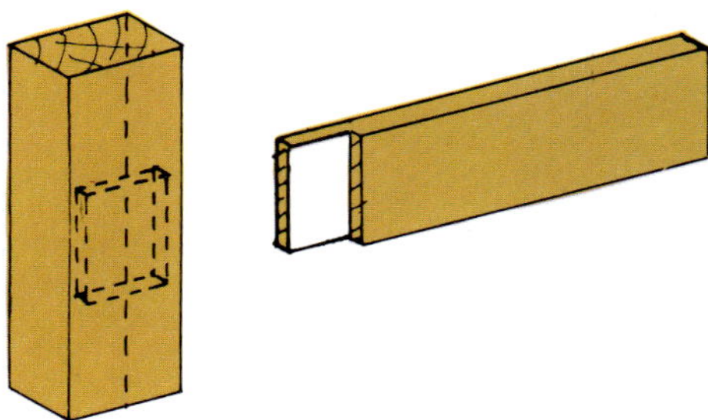

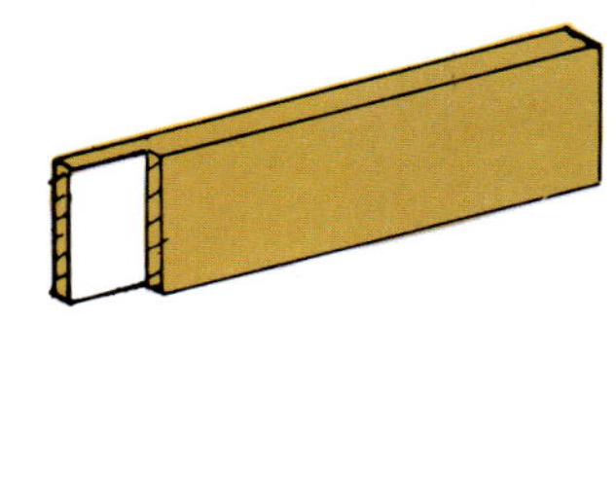

❑ ASSEMBLAGE A TOURILLONS

❑ ASSEMBLAGE A MI-BOIS

❑ ASSEMBLAGE EN ONGLET A MI-BOIS

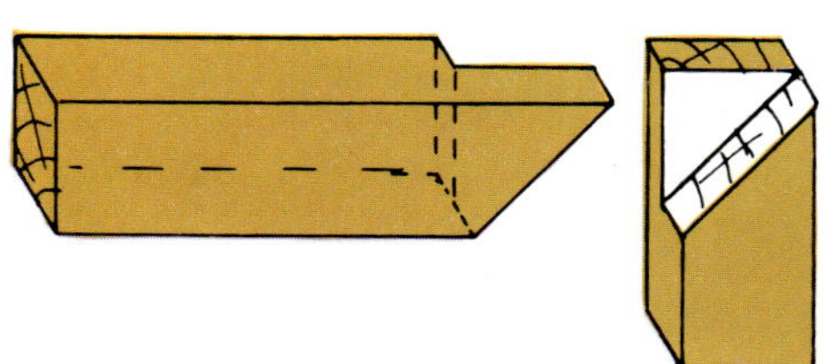

❑ ASSEMBLAGE EN ONGLET A ENFOURCHEMENT

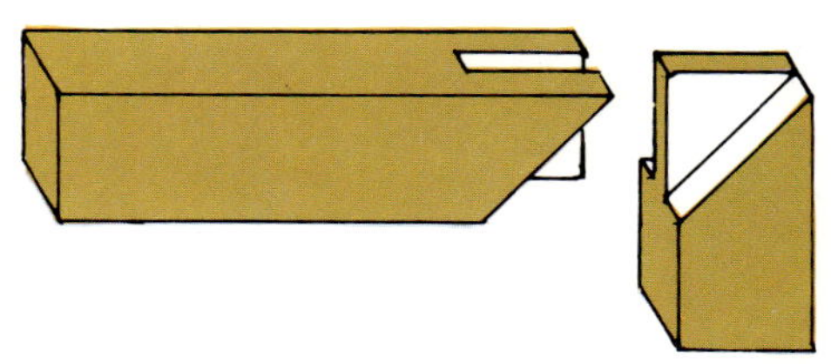

❑ ASSEMBLAGE EN ONGLET TOURILLONNE

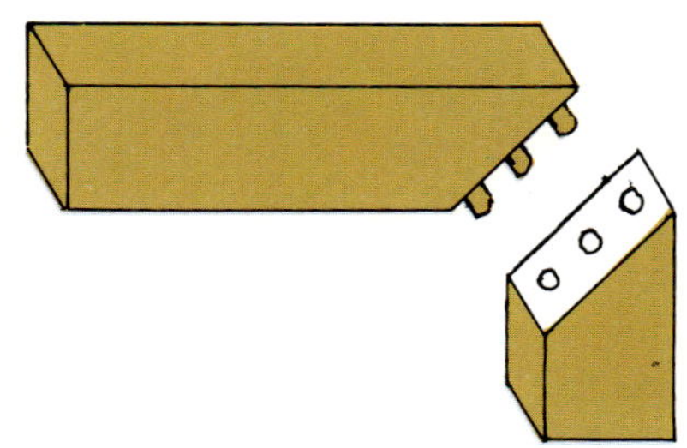

LE PROFILAGE DES CADRES

Dans la plupart des cas, le cadre que nous allons réaliser comporte sur sa face interne un profilage destiné à recevoir une porte s'il s'agit d'un dormant (cadre fixe) des panneaux, des vitres.

Lorsque le profil est obtenu par l'adjonction de baguettes ou si l'usinage est arrêté avant l'assemblage, celui-ci ne subit pas de modifications.

❑ FEUILLURE, RAINURE, ET MOULURE OBTENUES PAR BAGUETTE

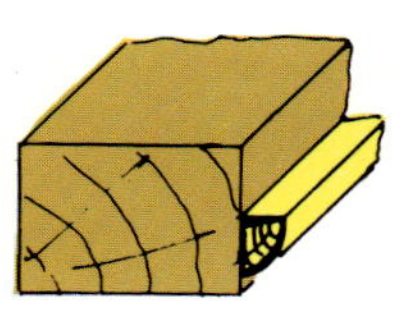

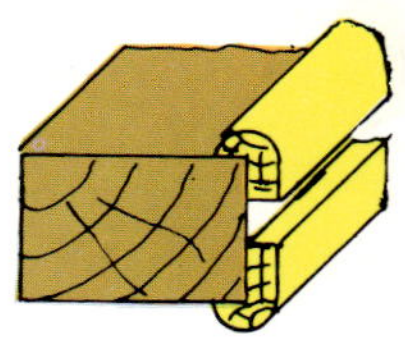

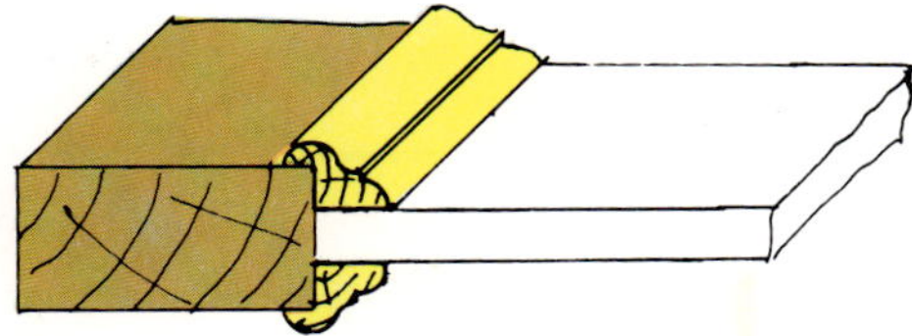

❑ MOULURE ARRETEE

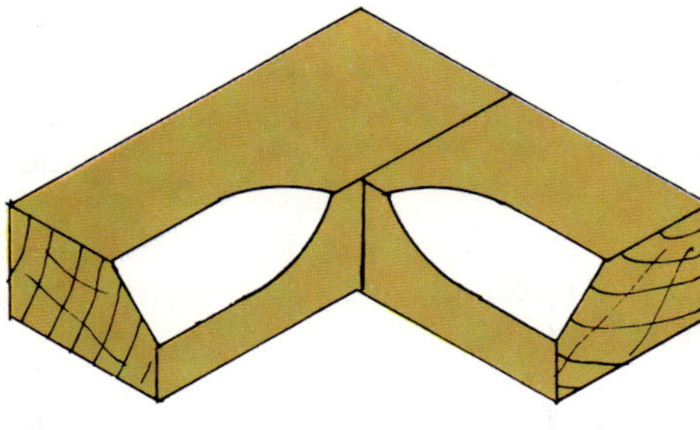

❑ FEUILLURE ARRETEE

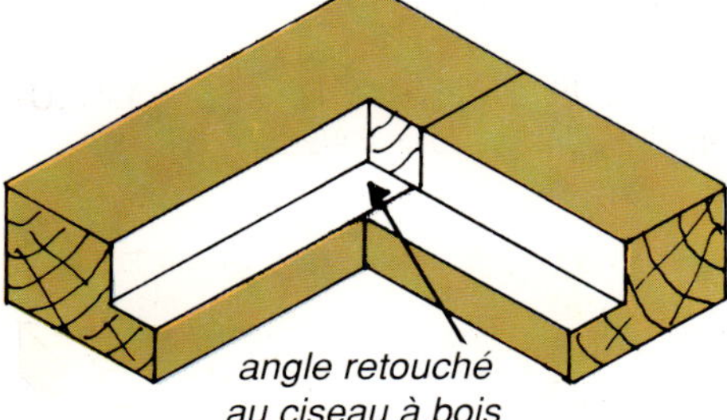

LES RAVANCEMENTS

Lorsque l'usinage réalisé est passant, il provoque un vide à l'emplacement de la matière enlevée.

Une modification de l'assemblage appelée ravancement permet de compenser ce vide.

1) Angle avec enfourchement. 2) Même angle après feuillurage. 3) La réalisation d'un **ravancement de rainure, feuillure ou moulure** consiste à modifier l'assemblage pour compenser ce vide.

LES RAVANCEMENTS DE FEUILLURE

❑ TRACAGE

Les dimensions de la feuillure déterminent les modifications apportées au traçage.

- FEUILLURE PEU PROFONDE

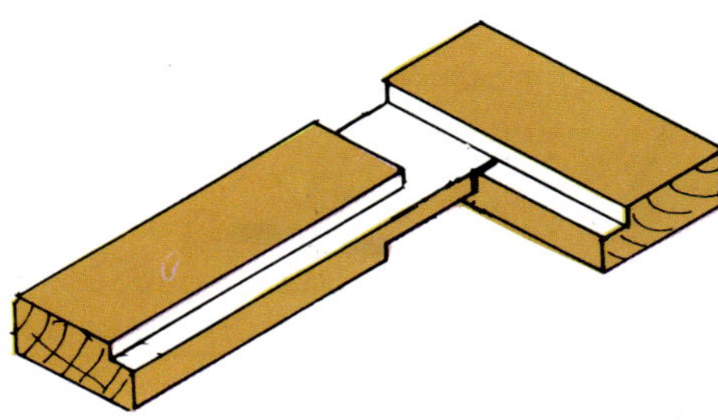

Le tenon n'est pas touché par l'usinage : ravancement d'un arasement.

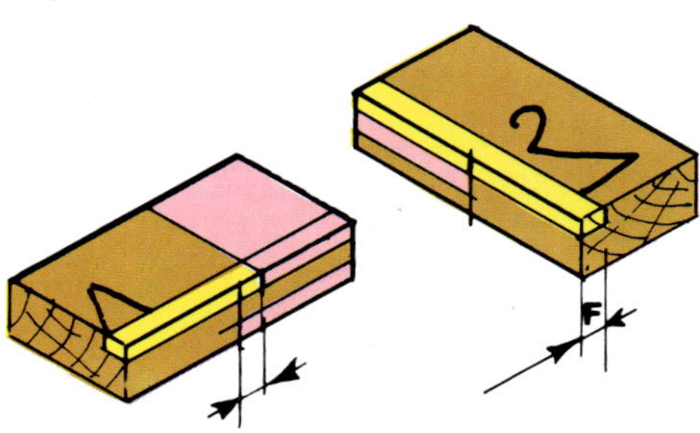

F = profondeur de la feuillure

- FEUILLURE PROFONDE

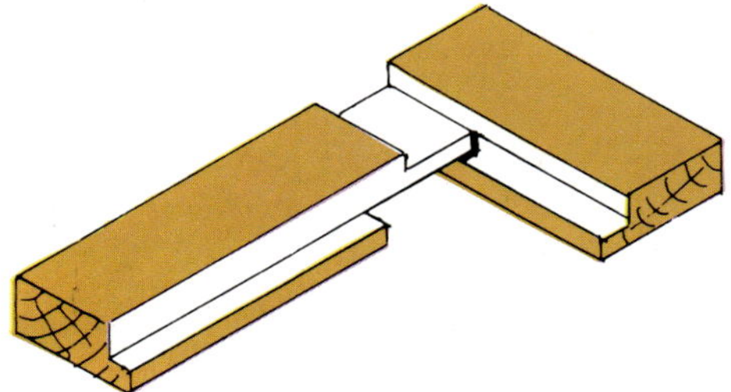

Le tenon est réduit de la profondeur de la feuillure. La mortaise est réduite d'autant.

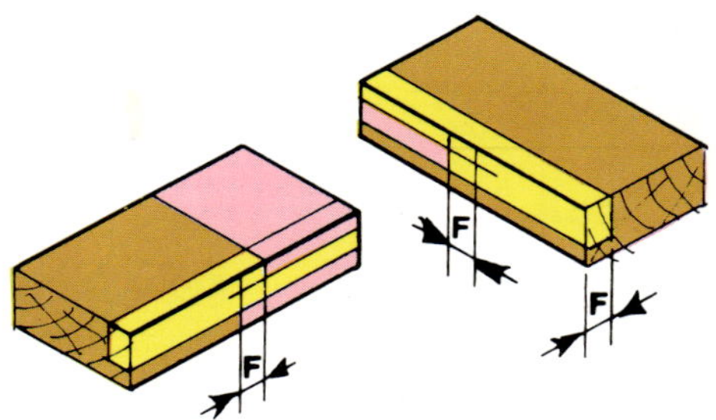

F = profondeur de la feuillure

De la même manière que les feuillures, les rainures et les moulures entraînent des ravancements de rainures, de moulures ou des contre-profilages. Ces difficultés seront développées dans le prochain ouvrage.

LES LIAISONS D'ALLONGEMENT (appelées entures)

Assemblages utilisés pour certains travaux particuliers : menuiseries cintrées, charpentes, réparations.

❑ ENTURE EN SIFFLET

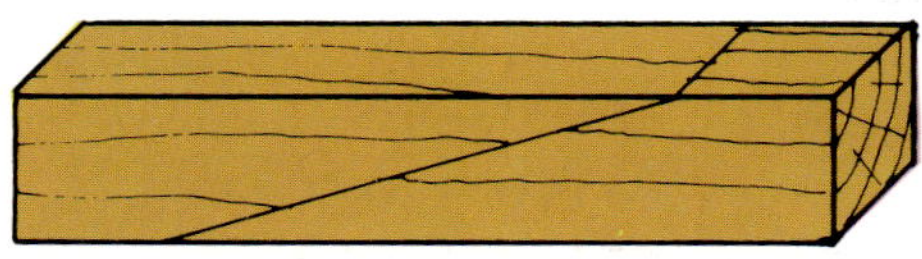

Cet assemblage est surtout utilisé en réparation. La résistance est bonne si l'angle est très aigu et le serrage bien fait (difficile).

❑ ENTURE A MI-BOIS

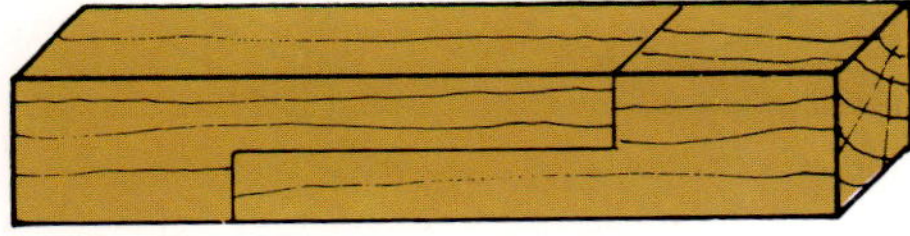

❑ ENTURE A FAUX TENON

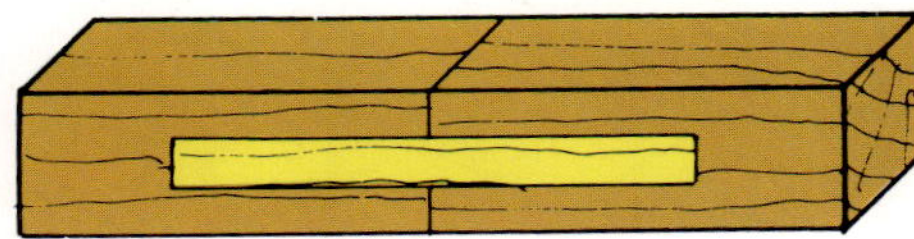

❑ ENTURE A CLEF

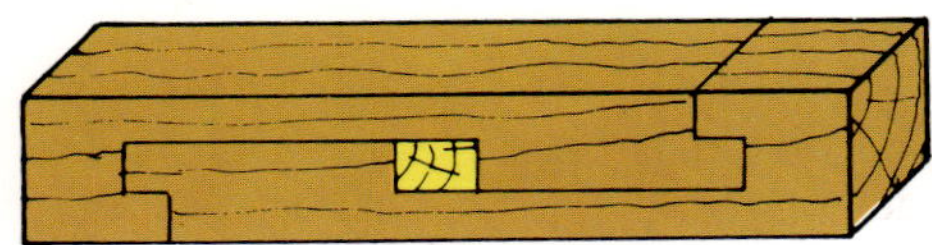

Maintenu par une ou deux clefs en bois, cet assemblage peut tenir sans colle en restant démontable.

Il existe encore une multitude d'entures, dont certaines, utilisées dans l'industrie, offrent la même résistance qu'une pièce de bois en un morceau.

LES LIAISONS D'EPAISSISSEMENT

Ces assemblages permettent d'obtenir des grosses sections, rectilignes ou courbes ou de rajouter des pièces en relief sur un ouvrage.

❑ A PLAT JOINT (collé)

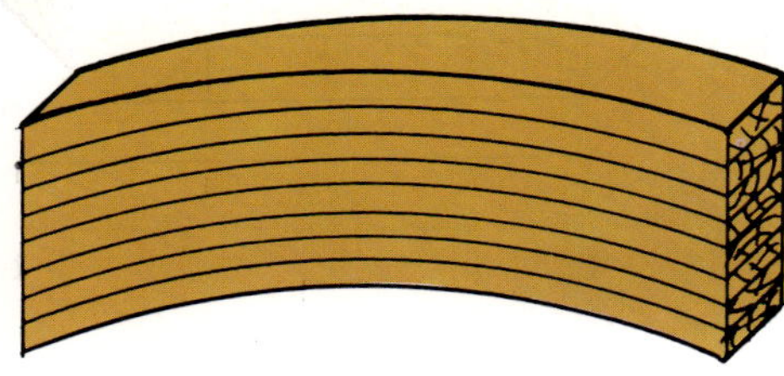

Plus le rayon est petit, plus les planchettes sont fines.

❑ EN QUEUE D'ARONDE

LE MONTAGE ET LE SERRAGE

Lorsque toutes les pièces d'un élément sont prêtes, on peut procéder à leur montage. S'il s'agit d'assemblages collés, il faut faire un "montage à blanc", c'est-à-dire assembler toutes les pièces pour s'assurer que chaque élément aille bien à sa place.

L'élément assemblé devra être solidement maintenu pendant la solidarisation (pendant que les pièces sont fixées entre elles, par clouage, collage, vissage, etc.).

❑ SERRAGE

Le serrage est effectué avec des serre-joints ou des presses. Dans le cas des assemblages collés, des pointes ou des

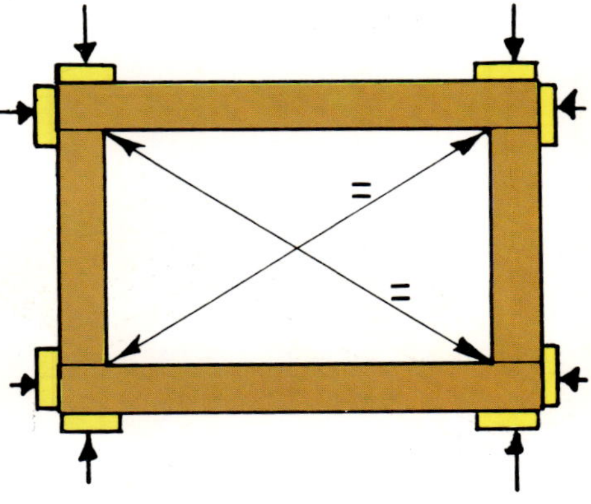

vis peuvent faire office de moyen de serrage en attendant la prise de la colle.

Le serrage doit être fait de manière à ne pas déformer ni écraser les pièces (serre-joints placés à l'endroit des traverses, et cales pour répartir les pressions).

NOTE

Il faut contrôler l'équerrage par la mesure des diagonales (elles doivent avoir la même mesure).

Pour les cadres, il faut contrôler s'ils ne sont pas gauches : (par visée frisante). Le cas échéant, changer le serrage ou caler.

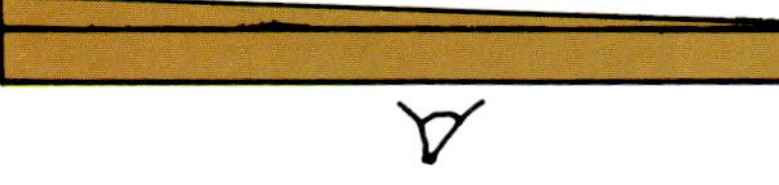

En se plaçant de manière à avoir l'œil au niveau du cadre, on détecte si les traverses sont alignées ou non.

LA SOLIDARISATION DES ASSEMBLAGES

Il existe deux grandes familles de solidarisations : celles qui sont définitives, tel le collage, et celles qui sont temporaires, démontables.

❑ LES SOLIDARISATIONS TEMPORAIRES

Nous avons vu plus haut que le démontage d'assemblage pouvait être justifié pour diverses raisons (objet trop volumineux pour passer par les portes, facilité d'entretien, etc.). Ces solidarisations sont obtenues de différentes manières.

- Etagère maintenue par clef

ATTENTION

La clef doit être serrée raisonnablement pour éviter de fendre la pièce.

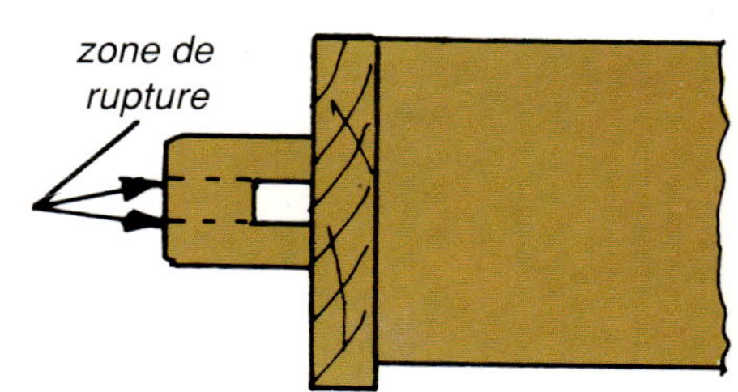

- Le chevillage

. ASSEMBLAGE A TENONS ET MORTAISES MAINTENUS PAR CHEVILLES

Dépassantes en charpentes.
Arasées en menuiserie.

NOTE

Les chevilles peuvent aussi servir à consolider un assemblage collé.

- Positionnement des chevilles

Les chevilles sont placées très près des arasements et des onglets pour éviter, si le bois prend du retrait, qu'un joint s'ouvre.

- Préparation des chevilles

Pour un perçage de 8 mm, la cheville est dimensionnée comme ci-dessous.

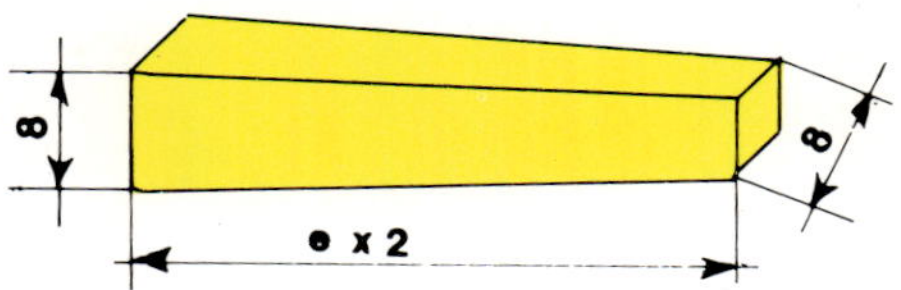

- Le vissage

Le vissage est utilisé essentiellement pour les ferrages. Lorsqu'il est utilisé pour solidariser un assemblage, c'est souvent en renfort de collage. En solidarisation temporaire, les vis sont beaucoup utilisées pour assembler les dérivés du bois, mais aussi pour monter des grands objets qui doivent être démontés pour le transport.

Si on veut qu'une vis serre bien les pièces à assembler, il faut faire un avant-trou dans la première pièce (1).

Si le bois est dur, la deuxième pièce reçoit un avant-trou plus petit (2).

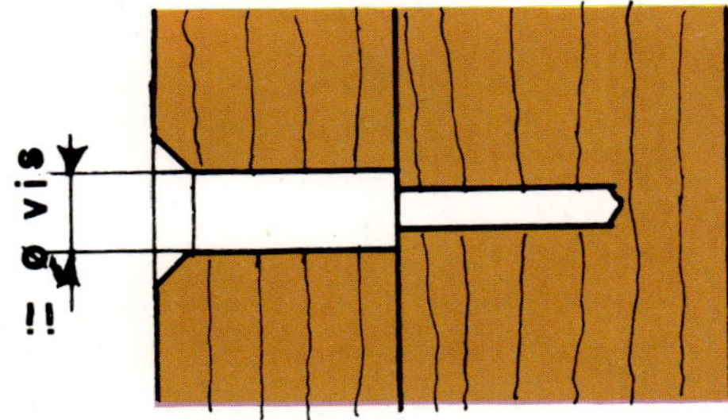

❑ LES SOLIDARISATIONS DEFINITIVES

- Les colles

Les colles, appelées aussi liants, ont fait ces dernières années d'énormes progrès. Pour chaque usage, on trouvera une solution satisfaisante.

. Pour l'usage normal, une colle vinylique fait l'affaire.

. Pour les ouvrages exposés à l'humidité, choisir une colle urée-formol ou une colle vinylique additionnée d'un durcisseur.

. Les grandes plaques de stratifié sont collées avec une colle de contact ne nécessitant qu'un serrage bref.

. Les colles 'Hot-Melt' (colles qui fondent en chauffant et tiennent sitôt refroidies) sont utilisées sous différentes formes (chants préencollés, bâtonnets utilisés dans un pistolet).

❑ LE COLLAGE

Chaque fabricant sérieux donne des indications concernant l'application, le temps de collage ouvert (temps qui peut se passer entre le moment où la colle est appliquée et l'assemblage des pièces) et la durée de séchage. Il est impératif de s'en tenir à ces prescriptions.

Un collage tient bien s'il est bien serré. Les vis et pointes peuvent être des auxiliaires précieux pour serrer des éléments en cours de collage.

❑ LES POINTES

Lorsqu'elles sont utilisées pour renforcer des assemblages, il faut prendre des précautions pour éviter qu'elles ne fassent fendre le bois (il faut mater la pointe en l'écrasant un peu d'un coup de marteau).

La résistance des pointes est bonne pour le bois vert. Elle peut être augmentée dans le bois sec en les plantant en croix.

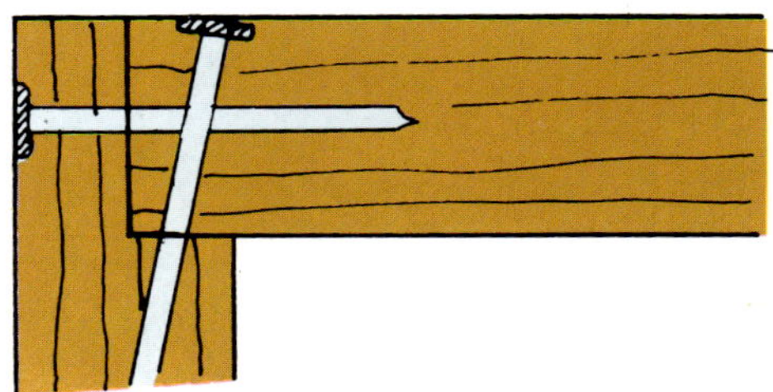

On peut aussi augmenter la résistance à l'arrachement en les trempant dans du vinaigre avant de les planter.

❑ LES CHEVILLES METALLIQUES

Ces chevilles sont souvent utilisées pour bloquer en position des assemblages collés (enfourchement, etc.) de manière à pouvoir les sortir de la presse avant le séchage de la colle.

Elles sont en alliage léger, de manière à ne pas abîmer les outils pour les usinages suivants. Elles sont positionnées comme des chevilles en bois.

- Renforcement d'onglet par clef.

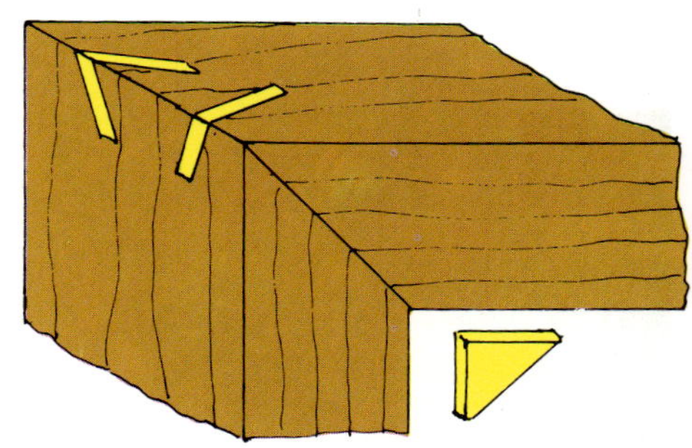

NOTE

Cet usinage, facile à réaliser, renforce sensiblement les cadres et autres ouvrages à onglets.

Il s'agit d'un simple trait de scie, légèrement incliné, dans lequel on colle un morceau de placage à l'épaisseur souhaitée.

REALISATIONS PRATIQUES

Les objets qui vous sont présentés doivent être pris comme idées et non comme modèles.

Les dimensions seront adaptées aux besoins de chacun, les solutions pour la fabrication retenues en fonction des moyens dont on dispose.

ATTENTION

Les proportions d'un ouvrage ne sont pas le fruit du hasard, il faut essayer de les conserver.

Dans un prochain ouvrage des réalisations plus nombreuses, d'importances diverses, vous seront présentées ; je parlerai de ces proportions à cette occasion.

ETAGERE D'ANGLE

De nombreuses modifications peuvent être apportées :

- Angle : adapté à un coin hors d'équerre.
- Dimensions : peuvent être augmentées, pour placer un bibelot ou un vase donné.
- Tablettes : elles dépassent les côtés, revenant jusqu'aux murs ; elles peuvent aussi être moins larges que les côtés, mais attention, elles auront une surface très réduite.
- Assemblages : les tablettes peuvent être entaillées ou tourillonnées. La petite entaille en façade A ne pourra être supprimée que s'il n'y a pas de moulure ou si la tablette est moins large que le côté.
- Profilage : je préconise un congé ou un quart de rond avec carré.

A défaut de machine pour les réaliser, adoucir simplement les angles au papier de verre.

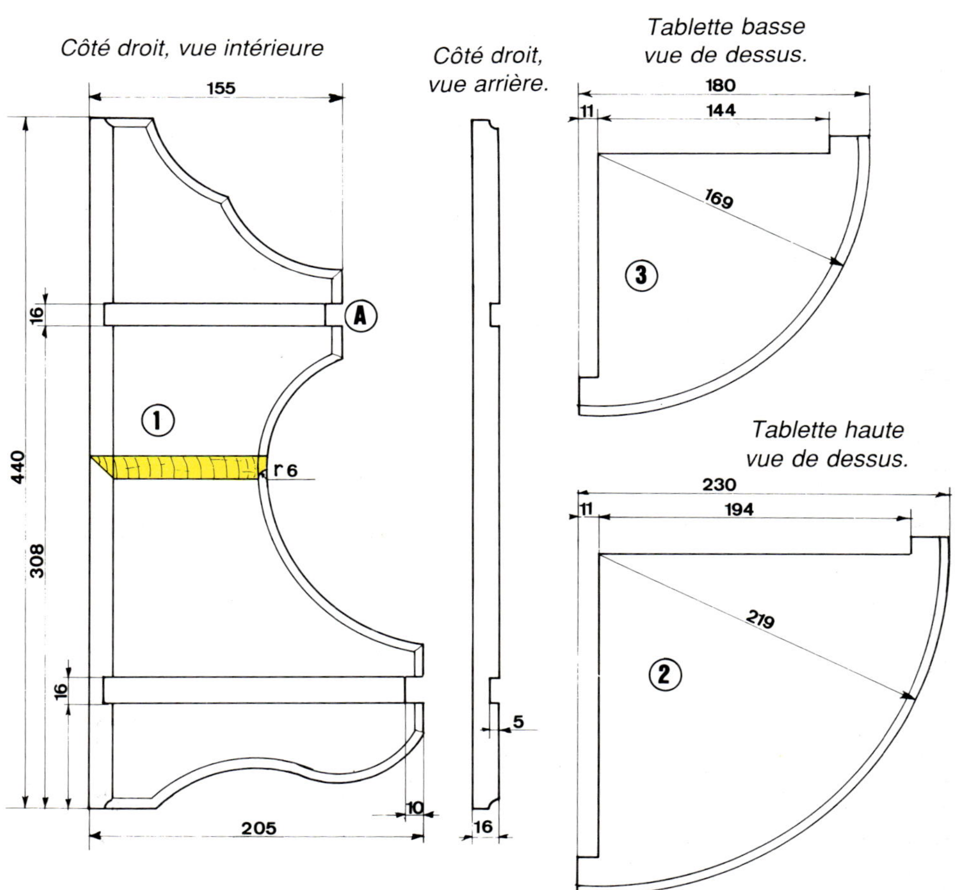

LISTE DE DEBIT DE L'ETAGERE D'ANGLE

Repères	Nbre	Désignation	Longueur	largeur	épaisseur	Ep./Com.
1	2	Côté 1G 1D	440	205	16	22
2	1	Tablette basse	330	220	16	22
3	1	Tablette haute	260	170	16	22

ETAGERE A LIVRES

Esthétique, modulable, cette étagère à livres est d'une grande simplicité de réalisation.

Fabriquée en hêtre, sapin, pin, orme, frêne, etc., elle peut être finie de diverses manières : cirée, vernie nature ou teintée, laquée en une ou plusieurs couleurs.

Les barreaux des échelles sont des tourillons lisses en hêtre de 15 mm de diamètre.

Cette étagère est composée de deux types d'éléments.

LES ECHELLES

❑ LA HAUTEUR peut être augmentée ou diminuée selon vos besoins. A largeur égale, plus elle est haute, plus elle paraît étroite.

❑ LA LARGEUR conditionne la profondeur de l'étagère. Celle-ci est suffisante pour la grande majorité des livres ou autres objets que l'on veut y poser.

❑ EXECUTION

Les montants corroyés (50 x 25 mm) sont tronçonnés (1 876 mm) et tracés aux axes des perçages. Pour percer, utiliser une butée de profondeur qui évite de déboucher et permet d'avoir tous les trous à la même profondeur (15 mm).

Les barreaux étant tous à la même longueur (225 mm), il est facile d'obtenir une échelle de largeur régulière et droite.

Ces barreaux sont fortement chanfreinés pour faciliter le montage. Ils sont simplement collés.

ATTENTION

La face interne des montants doit être poncée avant le montage. Il faut veiller à ne pas faire de bavure de colle.

LES TABLETTES

La largeur est inférieure de 2 à 5 mm à la mesure intérieure des échelles. Sa longueur peut être ajustée à vos besoins. Mais il est préférable de rajouter une échelle intermédiaire plutôt que d'allonger inconsidérément les tablettes. Cela évite une flèche (affaissement dû à la charge) trop importante.

❑ EXECUTION

Les tablettes sont corroyées (190 x 20 mm) et tronçonnées (818 mm).

Dans la face inférieure des tablettes sont pratiquées des entailles qui assurent le maintien de celles-ci ainsi que celui des échelles. La forme idéale pour ces entailles est celle du détail (A). D'autres formes, certaines faciles à réaliser à la main, peuvent convenir (B, C, D).

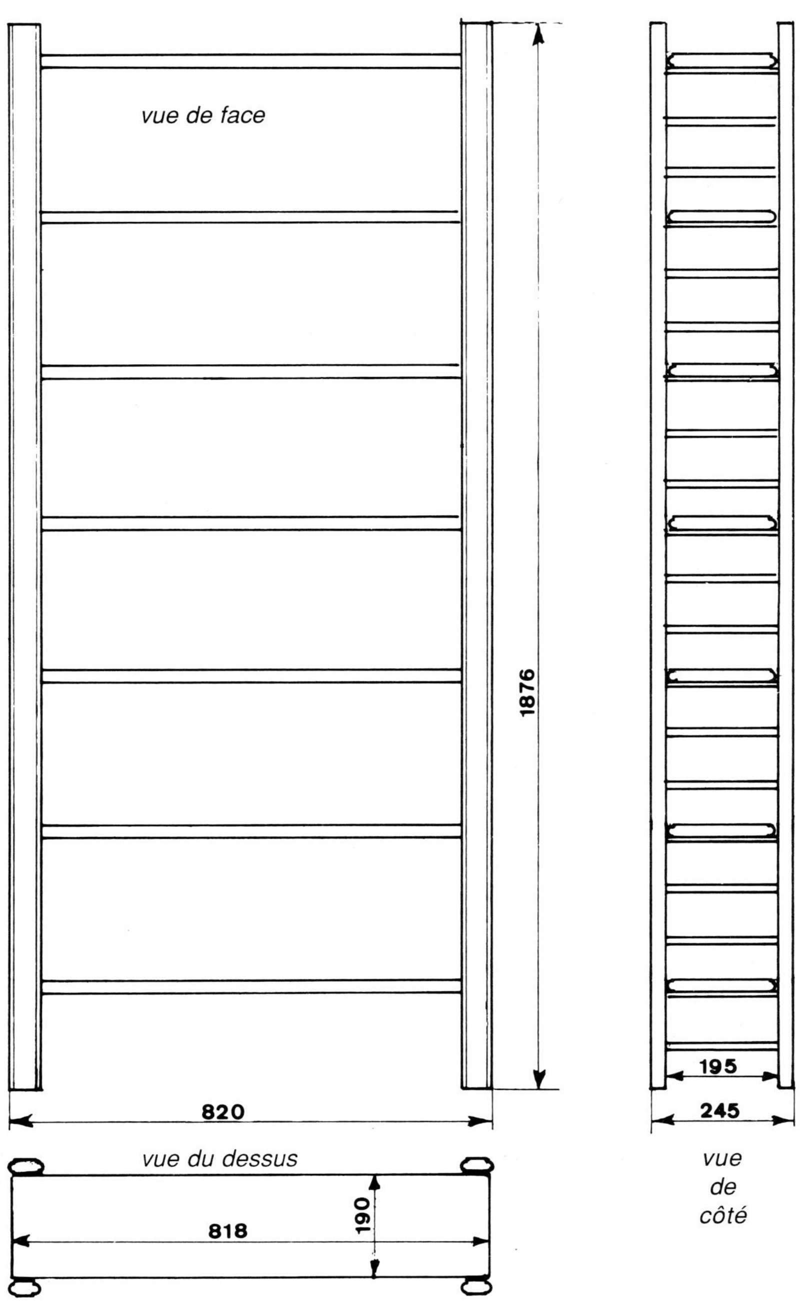
vue de face
1876
820
195
245
vue du dessus
190
818
vue
de
côté

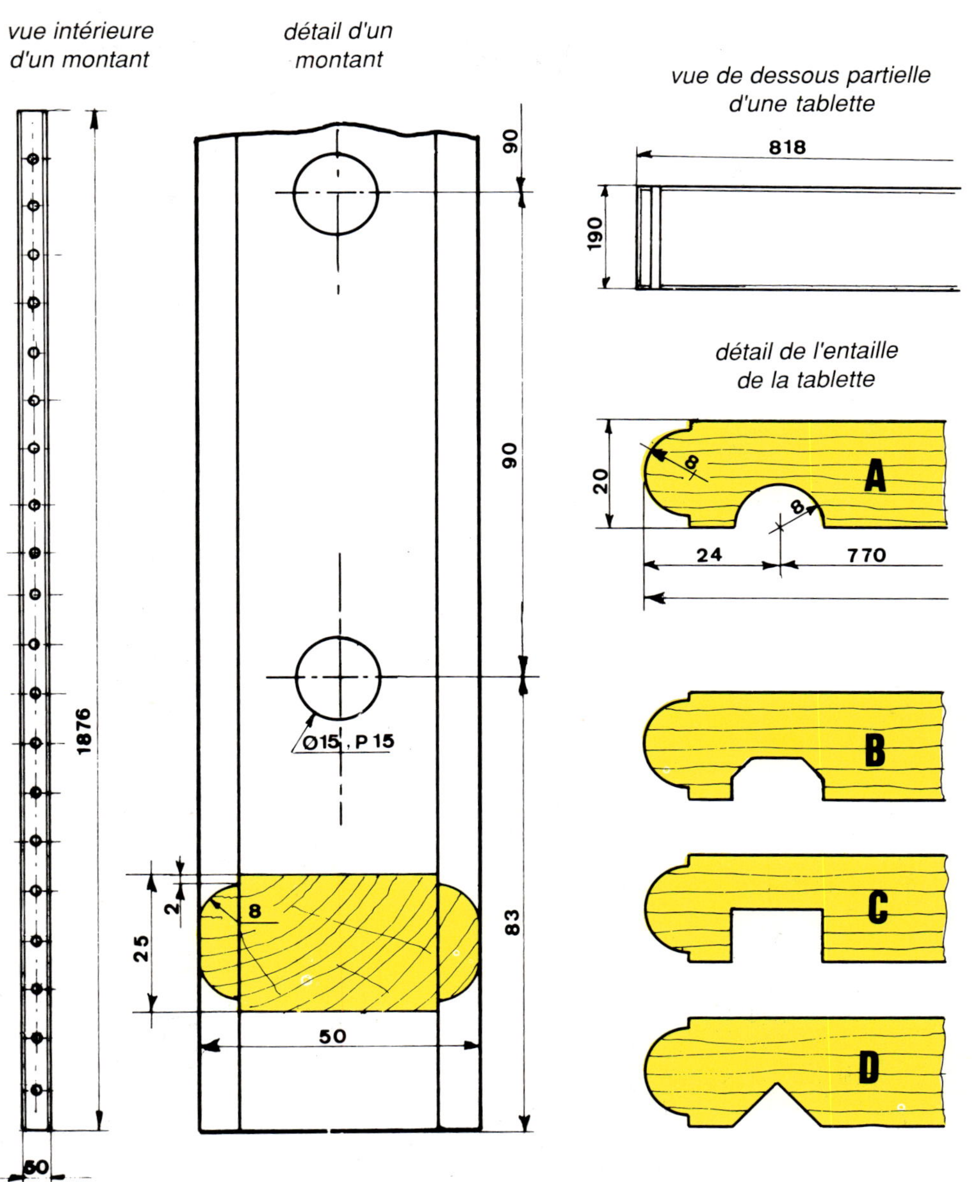
vue intérieure
d'un montant
détail d'un
montant
vue de dessous partielle
d'une tablette
818
190
90
90
83
1876
Ø15 , P 15
8
2
25
50
50
détail de l'entaille
de la tablette
20
8
8
24
770
A
B
C
D

Coca-Cola

❑ MONTAGE

Fixer une échelle bien verticale au mur, avec une seule vis, placée dans le montant arrière.

Les entailles des tablettes définissent l'emplacement exact de la deuxième échelle qui est fixée après la mise en place des tablettes.

Si on ne veut pas toucher au mur, une croix fixée sur l'arrière des montants évite de sceller l'étagère au mur.

LISTE DE DEBIT DE L'ETAGERE A LIVRES

Nbre	Désignation	Longueur	largeur	épaisseur	Nature	Observation
4	Montants	1876	50	25	-	-
40	Barreaux	225	Ø	15	Hêtre	10 x 1 m
6 ou 7	Tablettes	818	190	20	-	-

TABLE DE CHEVET

La hauteur de cette table est calculée pour qu'elle puisse servir de tabouret.

D'allure jeune, elle est réalisée de préférence en orme ou en pin, fini naturel (huile de teck pour l'orme, vernis pour le pin ou autre).

Cette table regroupe un grand nombre d'assemblages de divers types dont certains, apparents, font partie de la décoration du meuble.

Tous les angles apparents sont munis d'un quart de rond de rayon 5 mm (moulures arrêtées sur la face interne des montants).

❑ FABRICATION

- Usiner et assembler pieds gauche et droit ① ② ③ (détail A).
- Usiner et monter les traverses intermédiaires ④⑤ et le support ⑥ (les lumières usinées dans les traverses ④ permettent au plateau de "travailler"). Toutes ces pièces sont poncées avant le montage (détail B).

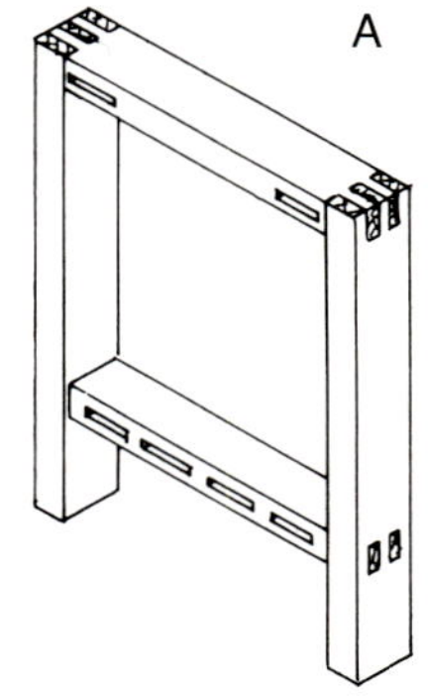

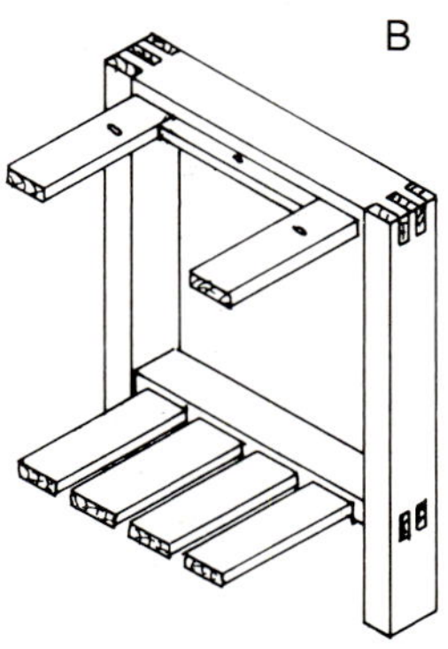

- Usiner et assembler le dessus ⑦ ⑧ ⑨ (schéma C). Calibrer et poncer après séchage.

- Usiner et assembler le tiroir ⑩ ⑪ ⑫ ⑬ (schéma D) (la face arrière ⑪ est identique à la face avant sauf une queue raccourcie à l'emplacement de la rainure). Les faces internes sont poncées avant le collage.

- Coulissage du tiroir : les coulisses ⑭ sont fixées provisoirement avec des serre-joints. Vérifier le fonctionnement avant de les visser ⑱ .

Mettre les butées 15 en place, et poser l'arrêt ⑯ ⑰ . Visser ⑲ ⑳ le plateau en répartissant le jeu (schéma E).

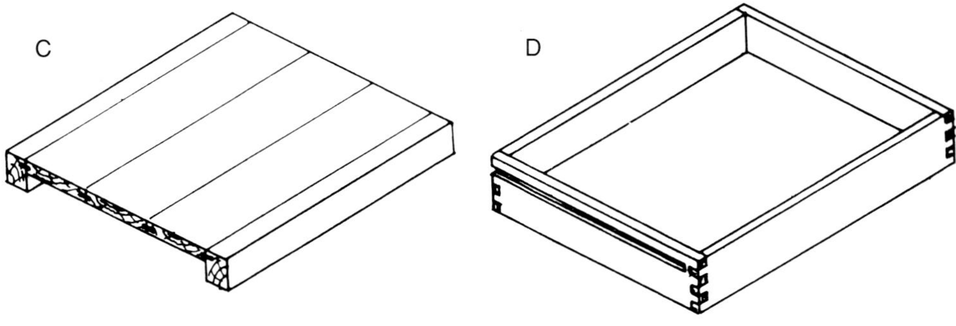

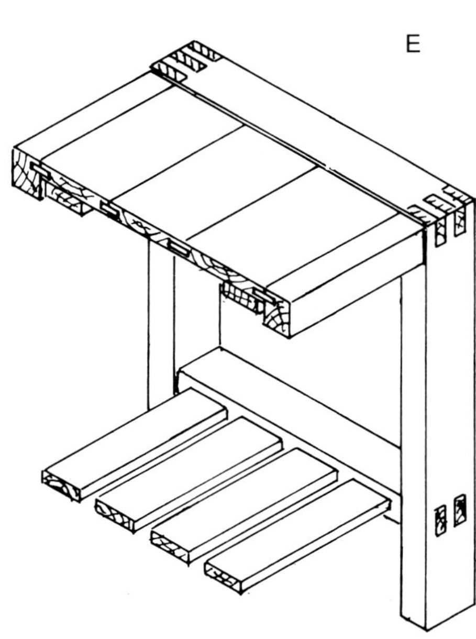

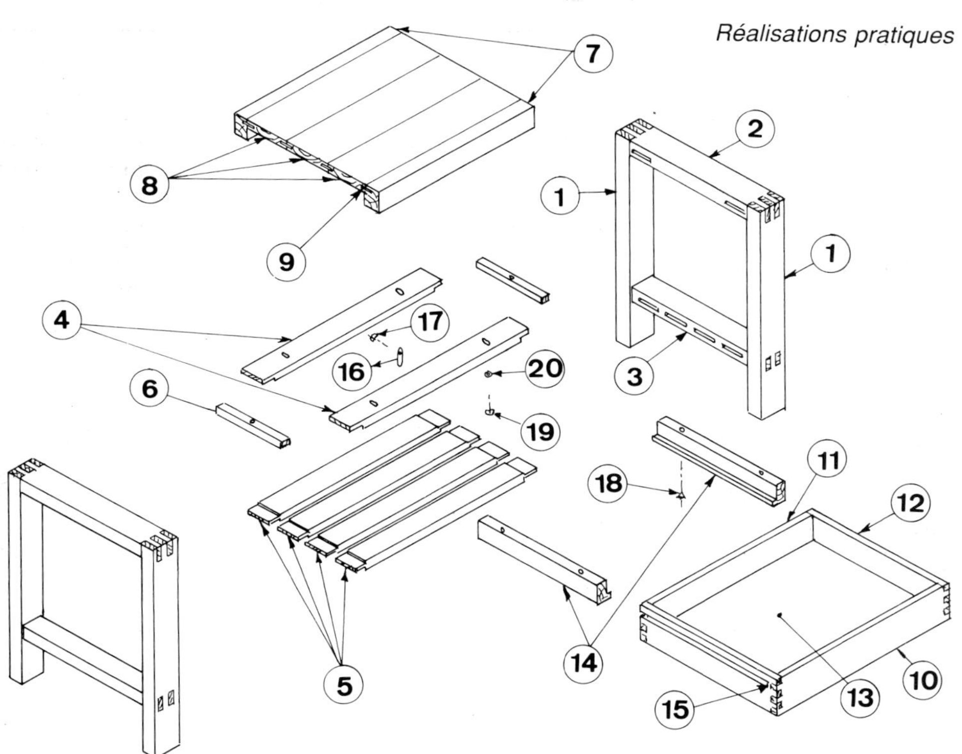

Repères	Nbre	Désignation	L	l	é	Nature
1	4	Montants	450	60	30	Orme ou pin
2	2	Traverses hautes	350	60	30	Orme ou pin
3	2	Traverses basses	350	50	30	Orme ou pin
4	2	Traverses int. haut.	430	50	14	Orme ou pin
5	4	Traverses int. bas.	440	50	14	Orme ou pin
6	2	Supports	176	20	14	Orme ou pin
7	2	Alaises	380	45	30	Orme ou pin
8	3	Lames dessus	380	95	14	Orme ou pin
9	4	Fausses-languettes	380	15	4 ou 5	C. plaqué
10	1	Façade	377	72	14	Orme ou pin
11	1	Traverse arrière	377	72	14	Orme ou pin
12	2	Cotes	330	72	14	Orme ou pin
13	1	Fond	315	362	4	C. plaqué
14	2	Coulisses	290	42	30	Orme ou pin
15	2	Butées	6	12	7	Orme ou pin
16	1	Arrêt amovible	40	10	3	Acier
17	1	Vis T.R. 4 x 20				Acier
18	4	Vis T.E. 5 x 60				Acier
19	6	Vis T.R. 4,5 x 25				Acier
20	6	Rondelles Ø 5				Acier

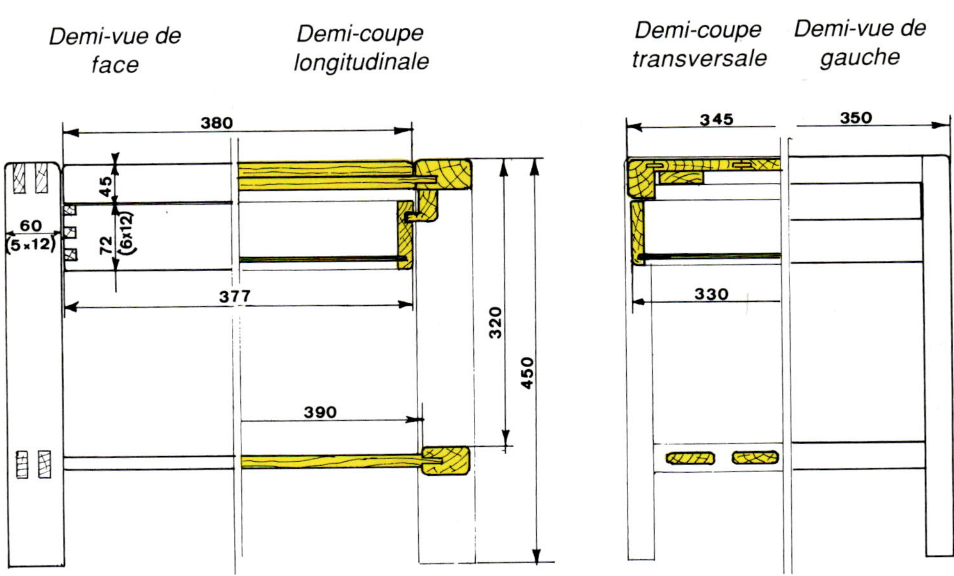
Demi-vue de face
Demi-coupe longitudinale
Demi-coupe transversale
Demi-vue de gauche
380
345
350
45
60
(5×12)
72
(6×12)
377
320
450
330
390

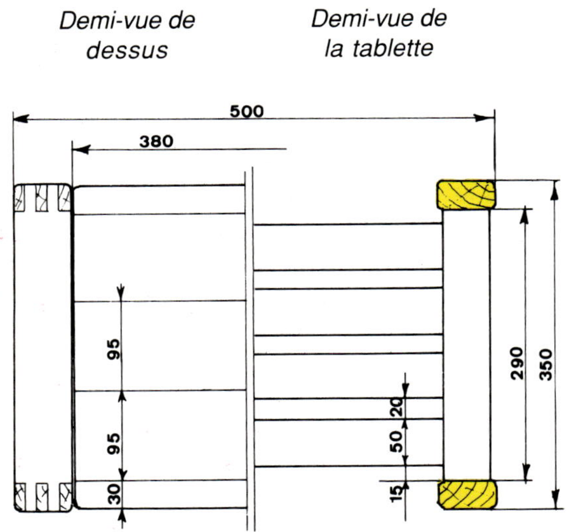
Demi-vue de dessus
Demi-vue de la tablette
500
380
95
95
30
20
50
15
290
350

TABLE

Réalisée en chêne ou hêtre teinté et patiné, la table est rustique. Dans ce cas, le piètement est allégé avec des grands chanfreins.

Réalisée en pin, sapin, épicéa ou hêtre verni naturel, elle s'intègre dans un intérieur moderne. Dans ce deuxième cas, le piètement sera adouci avec des moulures en quart de rond.

Les dimensions de cette table permettent à huit personnes de manger à l'aise.

L = 1 700 mm

l = 800 mm

h = 750 mm.

❑ FABRICATION

- Tracer, mortaiser et profiler les pieds (2 pieds gauches ① et 2 pieds droits ②).
- Tracer, tenonner et profiler les traverses ③, ④,⑤, ⑥.
- Ajuster et monter à blanc toutes les pièces.
- Le collage du piètement se fait en deux temps :

. coller et monter d'abord les deux côtés de la table ① ② ③ ④ ; il est ainsi plus facile de contrôler le gauche et l'équerrage ; laisser sécher ;

. coller et monter les traverses de la face ⑤, ⑥ ; les tasseaux destinés à la fixation du plateau sont équipés de perçages fortement ovales pour permettre à celui-ci de prendre du retrait ou de gonfler ; ces tasseaux sont collés et vissés sur les traverses.

Le plateau est réalisé en plusieurs pièces collées : les angles en sont légèrement arrondis (r = 5 mm).

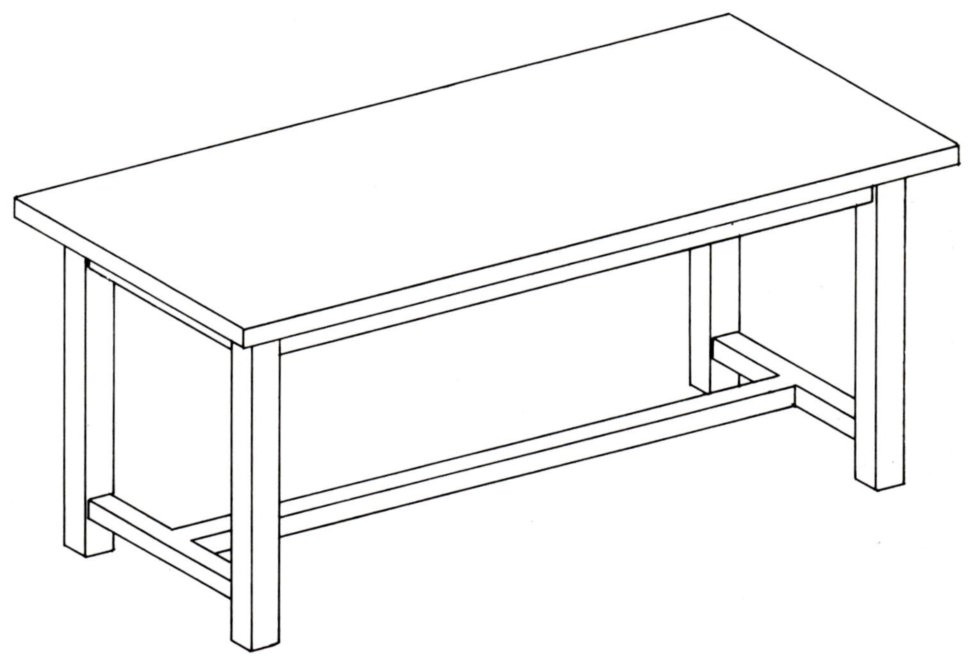

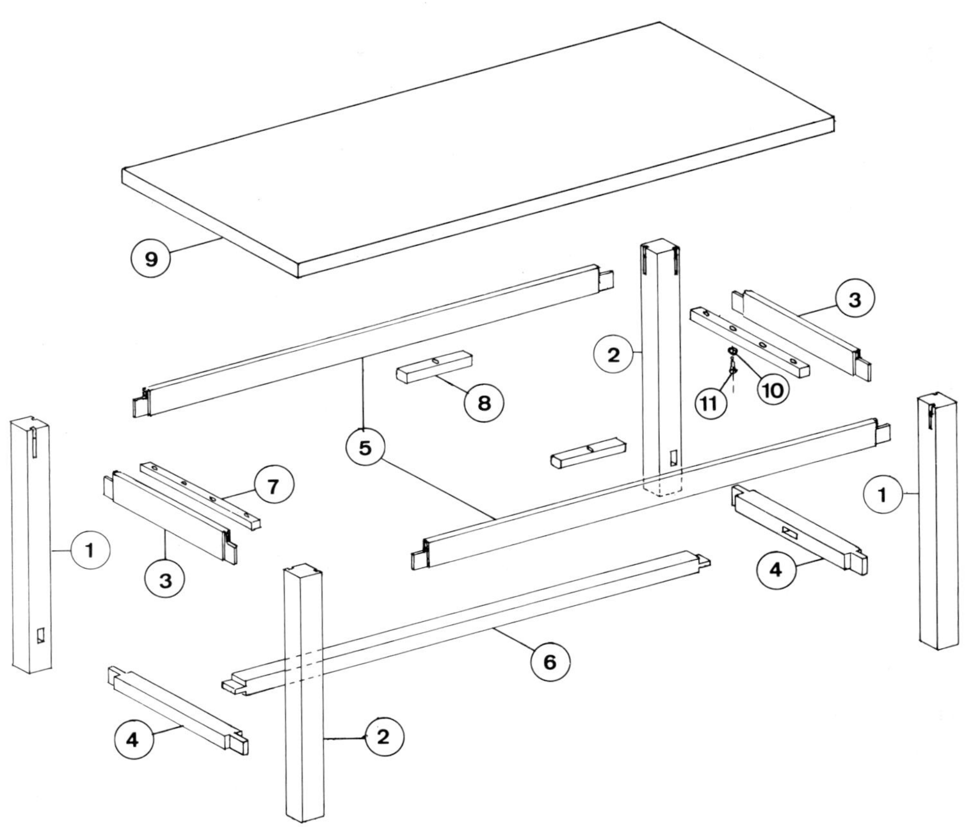

LISTE DE DEBIT DE LA TABLE RUSTIQUE

Repères	Nbre	Désignation	L	l	é	Nature
1	2	Pieds gauches	710	68	68	Sapin
2	2	Pieds droits	710	68	68	Sapin
3	2	Traverses hautes côté	670	80	26	Sapin
4	2	Traverses basses côté	670	56	40	Sapin
5	2	Traverses hautes faces	1570	280	26	Sapin
6	1	Traverse intermédiaire basse	1570	60	240	Sapin
7	2	Tasseaux côté	560	30	30	Sapin
8	2	Tasseaux face	300	30	30	Sapin
9	1	Plateau (collé)	1700	800	40	Sapin
10	10	Rondelles (larges)	Ø 6 x	25		Acier
11	10	Vis à bois tête ronde	60 x	6		Acier

TABLE DES MATIERES

Photos : S.A.E.P. / A. THIEBAUT et P. VANHAECKE.

Dépôt légal 3e trimestre 1988
n° 1 545

ISBN 2-7372-4008-5

Imprimé en C.E.E.